एक ही थी ऐना

रूपा शंकर

अंतर्वस्तु

रुपा की डायरी से... 7

श्रुति की कलम से... 9

आभार.. 13

आपका सहयोग बहुमूल्य है.. 15

डा० एस० आनन्दलक्ष्मी, हमारी आदरणीय अध्यापिका..... 17

प्रस्तावना.. 23

1. सन् 1986 25

2. फ्रेशर्स 27

3. फ्रेशर्स पार्टी... 29

4. निदेशक का बंगला 33

5. कॉलेज सभा 35

6. प्रथम वर्ष के छात्र प्रतिनिधि.............................. 37

7. स्टूडेन्ट टीचर मीटिंग..................................... 39

8. सन् 1987 41

9. पाठ्यक्रम 46

<u>अंतर्वस्तु</u>

10. प्राथमिक वर्षो में बाल विकास 48

11. खेल दिवस 50

12. परीक्षा 52

13. स्नातक वर्ष 54

14. स्पिक-मैके 58

15. सी॰डी॰ टाइप्स 60

16. उलझन 62

17. विदाई समारोह 63

18. निर्णय 65

19. आवेदन पत्र 66

20. परिणाम 67

21. बी॰एड॰ ओरिएन्टेशन प्रोग्राम 68

22. माँ 70

23. वाह! 71

24. परिचय 74

25. वर्ष 1989-90 75

26. प्रगति मैदान 77

27. सेमिनार 79

28. परीक्षा काल (एम॰एस॰सी॰ प्रथम) 81

29. अंतिम वर्ष 82

30. मन और काया 84

31. सह-पाठ्यक्रम 86

32. विदाई समारोह दिसम्बर 1990 90

33. कॉलेज के बाद की मेरी जीवन यात्रा 91

34. इलाहाबाद आ जाना 92

35. लिटिल स्कॉलर्स के शुरूआती वर्ष 94

36. लिटिस स्कॉलर्स का यह सफर 99

37. मेरी माँ फूली नहीं समाती 101

38. ऐना मेरी ज़िन्दगी का अटूट हिस्सा हैं... 102

39. विविधता 105

40. मेरे दोस्त-कॉलेज की यादगार देन 107

41. हाथ मिलाना 108

42. नाम याद रखना 109

43. ई-मेल का आदान-प्रदान 110

44. ज़िन्दगी की घड़ी की सुंई घूम कर वहीं
    पहुँच जाती है 121

45. उपसंहार 128

रुपा की डायरी से...

श्रुति को मैं कई साल से जानती हूँ। उनके जुड़वाँ बच्चों, शुभांगी एवं उद्धव की, मैं, पहली टीचर रही हूँ। *लिटिल स्कालर्स* में उनका एडमिशन तब हुआ जब वे ढाई साल के थे। दो साल तक निरन्तर श्रुति से बात-मुलाकात करने पर उससे एक खास लगाव-सा हो गया था।

शुभांगी और उद्धव बड़े स्कूल चले गये। प्रयागराज के छोटे शहर में श्रुति और मैं, किसी समारोह या आयोजन में प्रायः मिलते रहते। दोनों बच्चों के कॉलेज जाने की जानकारी भी मुझे मिल गयी थी।

एण्ड वी काल्ड हर ऐना का अँग्रेजी संस्करण जनवरी 2021 में आया। उसी वर्ष पुस्तक मेले के आयोजक ने सम्पर्क करके मुझे 'प्रयागराज के लेखकों' के लिये विशेष स्टॉल लगाने की जानकारी दी। अपनी किताब हमने उस स्टॉल में डिस्पले करने का मन बना लिया।

सुबह, सर्दी के दिन, कच्ची धूप व चाय की चुस्की लेते हुये मैं और मेरी टीम के सदस्य स्टॉल पर बैठते व अपनी पुस्तक के बारे में आने वालों को बताते। कई विद्यार्थी हमारी स्टॉल पर आते। किताब उलटते पलटते, परन्तु लेते न थे।

एक विद्यार्थी ने मुझसे कहा, *"मैडम इसका हिन्दी संस्करण है?"*

मैंने कहा, *"बहुत सरल अंग्रेजी में लिखी है।"*

वह बोला, "आपके लिखे शब्दों के भाव को, मैं हिन्दी में ही समझ पाऊँगा। मुझे अँग्रेजी पढ़नी तो आती है परन्तु समझना कठिन हो जाता है।"

मैं मुस्कुरा दी। बात आई गयी हो गयी।

एक दिन किसी गोष्ठी में श्रुति से मिलना हुआ। इधर-उधर की बातें करने के बाद, वह अचानक बोली, "मुझे कुछ ऐसा करने का मन करता है जिससे मेरी रचनात्मकता को बढ़ावा मिले। आगे बोली, मेरी विशेष योग्यता अनुवाद करने में है। हिन्दी मुझे बहुत भाती है। किताबों से भी प्यार है। सोचती हूँ किसी अँग्रेजी किताब का अनुवाद कर डालूँ।"

उस वक्त तो मेरे मन में यह बात न समाई परन्तु अगली सुबह, जब मैं उठी तो मुझे अहसास हुआ कि यह तो मेरी किताब 'एण्ड वी कॉल्ड हर ऐना' के लिये एक सुअवसर है। हिन्दी का संस्करण कई विद्यार्थियों एवं पाठकों के लिये लाभदायी सिद्ध हो जायेगा।

श्रुति को मैंने अपने मन की बात बताई। उसकी हामी भरने पर यह बात इस मुकाम तक पहुँची कि आज इस किताब का हिन्दी संस्करण छप कर तैयार हो गया है। जिस प्रकार श्रुति ने मेरे भावों को हिन्दी भाषा के माध्यम से शब्दों में ढाला है, वे मुझे अभिभूत कर रहे हैं।

ऐना ने हमें सी०डी० के माध्यम से पहले लिटिल स्कॉलर्स से जोड़ा और फिर अपनी ही किताब से, इस रिश्ते का धागा अट्रूट कर गयीं।

धन्यवाद श्रुति!

श्रुति की कलम से...

यह मेरे द्वारा किया गया पहला अनुवाद है। मन में कहीं यह इच्छा थी कि किसी अँग्रेजी किताब का हिन्दी में अनुवाद करूँ, परन्तु यह अवसर एक चमत्कारिक-अविश्वसनीय रूप में मेरे सामने प्रस्तुत होगा, इसकी कल्पना नहीं थी।

रूपा ने मुझ पर विश्वास करके, अपने दिल के करीब इस पुस्तक के अनुवाद का कार्य मुझे सौंपा। बड़ी विनम्रता से वह मुझे दिये गये इस अवसर का प्रेरणा स्त्रोत, डॉ० एस० आनन्दलक्ष्मी को ही बताती हैं।

डॉ० एस० आनन्दलक्ष्मी- इस किताब के अनुवाद के कारण मेरा भी उनसे एक सम्बन्ध स्थापित हो गया है। उनके व्यक्तित्व और आभा-मण्डल ने रूपा के मानस पटल पर जो अमिट छाप छोड़ी है उसका प्रभाव प्रत्येक पाठक पर भी पड़ेगा।

रूपा ने यह पुस्तक सरल भाव से लिखी है, जिसका एक-एक पन्ना दिल को छू जाता है। रूपा स्वयँ बहुमुखी प्रतिभा की धनी हैं और इस किताब के माध्यम से, वह पाठक को अपनी, अभी तक की जीवन यात्रा की एक झलक देतीं हैं। इससे आत्मविश्वासी और दृढ़निश्चयी बनने की प्रेरणा सहज ही मिल जाती है।

श्रुति की कलम से...

डॉ० रूपा शंकर ने मेरे इस अनुवाद के सफर में पग-पग पर मुझे प्रोत्साहित किया है। मेरे दोनों बच्चे, शुभांगी, उद्धव व मेरे दोस्त रूपी जीवनसाथी, राजेश, भी इस संस्करण को लेकर अत्यन्त उत्साहित हैं।

'एण्ड वी कॉल्ड हर ऐना' का हिन्दी संस्करण 'एक ही थी ऐना' प्रेम, आदर, भाव-विभोर करने वाले छात्र-शिक्षिका के रिश्ते को दर्शाता हैं। पुस्तक में मुस्कुराहट है......आदर्श है...... टीस है व डॉ० आनन्दलक्ष्मी के प्रति धन्यवाद रूपी कुछ आँसू भी!

आभार

-13-

कृतज्ञ हूँ डा॰ एस॰ आनन्दलक्ष्मी के प्रति, जिनके कारण बनी मेरी

ये यादें,

और मैं!

आपका सहयोग बहुमूल्य है...

मेरी माँ का, जिन्होंने मुझे, सदैव हिन्दी भाषा में साहित्य पढ़ने के लिये प्रेरित किया है। इसी कारण मैं हिन्दी भाषा से, हृदय से, जुड़ पाती हूँ।

अपने इस शहर प्रयागराज का, जिसमें गंगा मैया, यमुना एवं सरस्वती नदियों का अपूर्व संगम है। इसकी बयार में एक प्रेरणा है, जो सहज ही कुछ रचनात्मक करने की सीख देती रहती है।

भावना का, जिसने हाथ से लिखे वाक्यों को कई बार टाइप किया व प्रत्येक चैप्टर को अलग-अलग उपशीर्षकों में सुन्दर ढंग से बाँधा।

इलाहाबाद विश्वविद्यालय के छात्रों का, जिन्होंने हिन्दी संस्करण को पढ़ने में अपनी रूचि जताई।

नोशन प्रेस का, जिसने सुन्दर ढंग से इस किताब का कवर चित्रांकित किया व यह पुस्तक प्रकाशित की।

और मुकुल शर्मा का, जिनके मुख से, यकायक, इस पुस्तक का शीर्षक निकला और मुझे यह भा गया।

डा० एस० आनन्दलक्ष्मी, हमारी आदरणीय अध्यापिका

एस० आनन्दलक्ष्मी, विसकॉन्सिन यूनिवर्सिटी, मेडीसन, यू०एस०ए० से डॉक्टरेट की उपाधि प्राप्त करने के बाद चिन्नई में कार्यरत थीं। तदोपरान्त वह लेडी इरविन कॉलेज, दिल्ली आ गईं।

उन्होंने 1970 में लेडी इरविन कॉलेज में बाल विकास के विषय में स्नातकोत्तर कोर्स की स्थापना की। सात वर्ष से भी ज्यादा समय के लिए वह कॉलेज के निदेशक पद पर आसीन थीं।

ईश्वरीय अनुकम्पा से मैंने लेडी इरविन कॉलेज में उनके कार्यकाल में प्रवेश लिया और पाँच सुखद एवं प्रगतिशील वर्ष बिताए। उसके बाद सन् 1991 में डा॰ आनन्दलक्ष्मी ने स्वैच्छिक त्याग पत्र दिया। उनके व्यक्तित्व, उनसे निकटता एवं बाल विकास विषय के प्रति उनके उत्साह ने, मुझे बहुत समृद्ध बनाया। उनके नाम, प्रभाव और व्यक्तित्व ने, मुख्य रूप से मेरी जिन्दगी और कार्यक्षेत्र को एक नयी, सुस्पष्ट दिशा प्रदान की है। मैं उनकी अत्यंत कृतज्ञ हूँ।

एस॰ आनन्दलक्ष्मी के नाम को, अपने कार्य द्वारा, मैं अपने जीवन में साकार कर पायी। अंग्रेजी वर्ण 'S', दो अर्ध गोलाकार वृत्तों से बना है, जो विपरीत दिशा में जुड़े हैं। यह मुझे न्यूटन के गति नियम की याद दिलाता है जिसमें हर क्रिया की समान और उसी के अनुरूप विपरीत प्रतिक्रिया होती है। पहला 'C' मेरे परिश्रम, प्रयास और निष्ठा का प्रतीक है तो दूसरे 'C' ने विपरीत परन्तु समान निष्कर्ष मुझे दिया। मुझे मिला आनन्द एवं लक्ष्मी, अर्थात, समृद्धि, प्रतिष्ठा, ख्याति एवं धन!

मैं सन् 2015 में लेडी इरविन कॉलेज के पूर्व छात्रों की बैठक में डॉ॰ एस॰ आनन्दलक्ष्मी को यह बात बता पायी व अपनी हार्दिक कृतज्ञता व्यक्त कर पायी। इस अवसर के लिए मैं अपने को धन्य मानती हूँ।

जब यह पुस्तक प्रकाशित हो रही है तो मैं सूर्य के चारों ओर चऊवनवीं परिक्रमा लगा रही हूँ। मेरी यादें मुझे पैंतीस साल पीछे ले जा रही हैं और वह समय मेरे सामने जीवंत व स्पष्ट हो उठा है। यह अवश्य संभव है कि घटनाक्रम में हेर-फेर हो या बातचीत के वाक्य एकदम सटीक न हों। परन्तु डा॰ एस॰

आनन्दलक्ष्मी की यादें इतनी गहन और स्पष्ट हैं कि समय की कोई भी धार उन्हें धुँधला नहीं कर सकती है। जब मैं ये यादें साझा कर रही हूँ मानो उन्हें पुनः जीती जा रही हूँ।

आइए मेरी इस यात्रा में हमसफर बनिए...

शिक्षा के भूमंडलीकरण और व्यवसायीकरण के दौर में यह किताब एक छात्रा (रूपा), एक शिक्षिका (ऐना डॉ० एस० आनंदलक्ष्मी) और कई शिक्षण संस्थानों दिल्ली विश्वविद्यालय के लेडी इरविन कॉलेज से लेकर इलाहाबाद के लिटिल स्कालर्स के सालों-साल की ज़मीनी यात्राओं, अनुभवों, यादों, प्रयोगों, सपनों और सफलताओं के जरिये हमारे सामने शिक्षा का एक नया, सुंदर, वैकल्पिक संसार उजागर करती है। एक छात्र और शिक्षक जीवन के संबंधों और संस्मरणों से गुजरकर हम बच्चों-बड़ों, अध्ययन-अध्यापन, किताब-कैंपस, शब्द-शिल्प के बारे में पहले से कहीं ज्यादा समझदार और संवेदनशील होते हैं। किताब की भाषा ऐसी तरल और सुंदर है कि इससे एक बड़ा पाठक समूह जुड़ सकता है।

प्रो० मुकुल शर्मा, अशोक विश्वविद्यालय

प्रस्तावना

मैं *लिटिल स्कॉलर्स* में बच्चों के साथ हूँ। अचानक पारूल का फोन आता है। काम के समय, मैं व्यक्तिगत फोन नहीं उठाती और यह बात पारूल को भी पता है। अवश्य ही कोई बहुत जरूरी बात होगी।

मैं फोन का जवाब देती हूँ और ठिठक कर बैठ जाती हूँ। अभी *लिटिल स्कॉलर्स* की छुट्टी होने में पूरा एक घण्टा बाकी है। सभी बच्चे स्कूल में हैं। ये सब, अपने घर सुरक्षित और खुश पहुँच जाऐं, यही मेरी प्राथमिक ज़िम्मेदारी है।

घण्टी बजती है और आखिरकार छुट्टी होती है। इस समय मेरी मनोस्थिति ऐसी नहीं है कि मैं अभिभावकों से बातचीत कर पाऊँ। मैं घर आ जाती हूँ और लेट जाती हूँ। एक अजब बेचैनी मेरे हृदय में घर कर गयी है।

दूर कहीं से एक आवाज़ मुझे चौंका देती है, *"तुम रो क्यूँ रही हो?"* सुनीत, मेरे पति, पूछते हैं। मैं जवाब ही नहीं दे पाती। बस सुबक-सुबक कर रोने लगती हूँ और रूँधे गले से बताती हूँ, *"ऐना नहीं रहीं।"*

एक सप्ताह निकल चुका है। मेरी बेचैनी बनी हुई है। मैं सुबह की चाय के प्याले के साथ प्रायः तन्हा बैठना पसंद करती हूँ। परंतु आज चाय के प्याले के साथ, एक पेन और एक डायरी भी लायी हूँ। बीती यादें आँखों के आगे जीवन्त हो उठती हैं।

स्पष्ट। इन्हीं यादों के प्रभाव से लेखनी स्वतः चल पड़ती है। मैं लिखना प्रारम्भ कर देती हूँ। रोज़ की दिनचर्या, घर-परिवार की ज़िम्मेदारियाँ, कहीं इस मन की गति को रोक देती हैं और मेरा लेखन पीछे छूट जाता है।

2020, कोरोना महामारी का प्रकोप। अचानक सभी गतिविधियाँ बन्द हो जातीं हैं व मेरा लेखन पुनः गति पकड़ लेता है। विचार, लहरों की भाँति एक के बाद एक, बस आते ही चले जाते हैं। लिखने का क्रम सुबह व शाम चलता रहता है।

किताब पूरी हो गयी है।

पर लेखन के सफर में जो यादों के फूल खिल गये हैं, वे हमेशा मेरे मन को महकाते रहेंगे।

सन् 1986

मैं सत्रह साल की हूँ। भविष्य को लेकर अनिश्चित और अस्पष्ट। मेरी सभी सहेलियाँ बारहवीं कक्षा के बाद मेडिकल की परीक्षा की तैयारी में जुट गयी हैं। मुझे यह पक्का पता है कि आगे पढ़ाई मुझे मेरठ (जो मेरा जन्म स्थान है) में नहीं करनी है। सत्रह साल की कच्ची-नासमझ उम्र में मेरा मानना है कि मेरठ में पढ़ना, मतलब वही *बहनजी टाइप* सलवार कुर्ता पहनना जो यहाँ के अधिकांश कॉलेजों में अनिवार्य है। मुझे तो आज़ाद पंछी की तरह उड़ान भरनी है। बहुत कुछ जानना है, समझना है, देखना है। मेरी माँ इस फैसले से कतई खुश नहीं हैं। उनका मानना है कि डाक्टरी पेशे में इज्ज़त है, रूतबा है। परन्तु उनका इस विषय पर, धारा प्रवाह भाषण, मुझे संतुष्ट नहीं कर पाता है। मुझे तो दिल्ली में पढ़ना है।

हैरानी कि बात यह है कि मेरे पापा इस बात का विरोध नहीं करते। वह कहते हैं कि उन्होंने लेडी इरविन कॉलेज के बारे में सुना है। उनकी एक दूर की रिश्तेदार ने वहीं से कॉलेज की पढ़ाई की है। वहाँ सिर्फ लड़कियाँ पढ़ती हैं और यह कॉलेज, कैम्पस की चकाचौंध से दूर भी है।

मैं खुश हूँ।

लेडी इरविन कॉलेज!

तभी मेरी माँ पूछती हैं, "कॉलेज में कौन-कौन से कोर्स हैं?"

मैं घबराई हुई सी हँसाती हूँ। गुड्डो कुछ भी नहीं पता है।

मेरी माँ मुझे घूरती हैं।

"अरे! चलते हैं और पता करते हैं ना!," मैं कहती हूँ।

वह मेरे इस रवैये से एकदम खुश नहीं लगतीं।

फ्रेशर्स

मैं कॉलेज में प्रवेश के लिये आवेदन करती हूँ। मेरा नाम पहली लिस्ट में आ जाता है। मैं बहुत खुश हूँ।

मेरी माँ एक आखिरी कोशिश करती हैं मुझे समझाने की। *"एक बार फिर सोच लो, वाकई गृह विज्ञान का कोर्स करोगी? ऐसा कोर्स जिसमें वे तुम्हें एक अच्छी गृहणी बनना सिखाएँगे? हमारे परिवार की लड़कियाँ पढ़-लिख कर अपने पैरों पर खड़ी हैं और तुम पता नहीं किस झंझट में फँस रही हो।"* वह कहती हैं।

ओ हो माँ! मैं उन्हें गले लगाती हुई कहती हूँ, *"अगर ऐसा नहीं होना होता तो मेरा नाम इस लिस्ट में आता ही नहीं।"*

कॉलेज छात्रावास का कमरा जो मुझे मिला है, काफी बड़ा है। आठ लोग रह सकते हैं। मेरे साथ सात और लड़कियाँ भी हैं जिनमें से दो, मेरे स्कूल (मेरठ) से ही हैं।

"चलो अच्छा है! बढ़िया साथ रहेगा। सप्ताह के अन्त में हम सभी घर साथ-साथ जा सकेंगे।" मैं सोचती हूँ।

माँ-पिताजी मुझे हॉस्टल छोड़कर घर चले गये हैं।

आरम्भ में सब कुछ नया-नया सा लग रहा है। घर के आराम से दूर हूँ। ना माँ के हाथ का स्पर्श है ना उनका पकाया

खाना। सुबह कॉलेज जाने के लिये स्वयं ही जागना पड़ता है, स्वयं ही कपड़े धोने हैं, पैसे भी सम्भालने हैं।

परन्तु ना कोई रोक है ना टोक!

कुछ कशमकश है और-

बैचेनी के साथ... एक अनकहा सा चैन!

फ्रेशर्स पार्टी

फ्रेशर्स पार्टी होने को है। कॉलेज के गलियारों में इसी बात की धूम है। इसमें सीनियर्स, हम फ्रेशर्स का, औपचारिक रूप से स्वागत करेंगें। फ्रेशर्स का जो बिल्ला, हमारे नाम के आगे लगा है, हट जाएगा और हम अन्य छात्राओं की तरह फर्स्ट इयर्स के रूप में कॉलेज का हिस्सा बन जायेगें।

पार्टी की थीम है 'इन स्टाइल'। यह सब मुझे बहुत रोमांचित कर रहा है। एक सीनियर से बातचीत के बाद मैं यह तय करती हूँ कि 'इन स्टाइल'थीम में, मैं पारम्परिक वेषभूषा पहनूँगी।

आखिरकार पार्टी का दिन आ जाता है। यह पार्टी 'कॉमन रूम' में होनी है जहाँ पर हम सब को एक अस्थायी रूप से बनी हुई रैम्प पर चलना है। मेरी बारी आने पर मैं उस रैम्प पर चलती हूँ। मुझे बहुत आनन्द आता है। दूसरे राउन्ड में हमें कुछ प्रश्नों के उत्तर देने हैं।

मैं अपने सभी सहपाठियों के साथ बैठी हुई हूँ। इतने में एक सीनियर की आवाज आती है, *"सब लोग एकदम कायदे में रहना। ऐना आ रही हैं।"*

"ऐना? कौन" मैं फुसफुसा कर पूछती हूँ।

"अरे! कॉलेज की निदेशक", मेरे साथ वाली फुसफुसाती है।

"डा० एस० आनन्दलक्ष्मी"? मैं पूछती हूँ।

"हाँ", वह जवाब देती है।

"मैं जानती हूँ उन्हें। उन्होंने ही तो हमारा ओरिएन्टेशन कार्यक्रम संचालित किया था।"

"ओ यार! सब चुप हो जाएँ", मेरे साथ वाली जोर से चिल्लाती है ताकि जो खुसुर फुसुर चल रही है वह खत्म हो जाए।

मुझे सांत्वना पुरस्कार मिला है। मेरे नाम की घोषणा हो रही है। ऐना सभी को प्रमाण पत्र और पुरस्कार दे रही हैं। मैं स्टेज पर चढ़ती हूँ।

मुस्कुराती हुई वह मुझे पुरस्कार देती हैं। सीनियर की आवाज मेरे कानों में गूँज रही है। "सब लोग कायदे में रहना। ऐना आ रही हैं।"

मैं उनके प्राधिकार और व्यक्तित्व से विस्मित हो, उस मुस्कुराहट का जवाब ही नहीं दे पाती।

निदेशक का बंगला

लेडी इरविन कॉलेज का परिसर बहुत विशाल है। दो बड़े-बड़े लॉन, एक कॉलेज भवन तो दूसरा छात्रावास के सामने। मुझे छात्रावास के सामने वाले लॉन से विशेष लगाव है। यहाँ पर किनारे-किनारे बैन्च लगी हुई हैं। रोज शाम को चाय-नाश्ते के साथ गपशप करने का यही अड्डा है। शाम के समय हॉस्टल में लोग मिलने भी आ सकते हैं। तब मैदान में कहीं कोई अपने रिश्तेदारों के साथ बैठा होता है, कहीं मित्रों के साथ और कहीं बॉय फ्रेंडस् के साथ।

छात्रावास से कॉलेज जाने के लिए रास्ते बने हुए हैं और दाहिने हाथ वाले रास्ते से, निदेशक का घर पूरा दिखता है। उनके घर में फूलों की बहुतायत है, खासकर गुलाब की। घर के बरामदे में केन की कुर्सियाँ पड़ी हुई हैं। यह कॉलेज इस सिकन्दरा मार्ग स्थित परिसर में सन् 1938 में शिफ्ट हुआ था और हमारे इस कॉलेज भवन को संरक्षित धरोहर की श्रेणी में घोषित किया गया है।

पता नहीं ऐसा क्या है ऐना के व्यक्तित्व में कि मैं अक्सर उनके बारे में सोचा करती हूँ। *क्या वह पढ़ती हैं? टीवी देखती हैं? क्या उनका परिवार है?*

मैं अपनी एक सहेली से ये सवाल पूछ बैठती हूँ।

वह मुझे घूरती है। कँधे उचकाती हुयी कहती है, "तुम्हें इन सब बातों से क्या?"

"हाँ मुझे क्या?" झेंपते हुये मैं भी कंधे उचका देती हूँ।

दूर उनके बंगले को मैं पुनः देखती हूँ।

रात्रि में ऐना ने भोजन में क्या खाया होगा? मेरे मन में फिर ख्याल आता है।

कॉलेज सभा

प्रत्येक दिन कॉलेज में सभा होती है जिसका मुझे इन्तजार रहता है। कॉलेज गीत से सभा का प्रारम्भ होता है। उसके बाद एक प्रार्थना पढ़ी जाती है। फिर छात्र-परिषद् द्वारा उस दिन होने वाली बैठकों, सह-पाठ्यक्रम, गतिविधियों या पाठ्यक्रम सम्बन्धित घोषणाएँ की जाती हैं। साथ ही साथ ऐना कोई वृतांन्त सुनाती हैं और मैं उसे बहुत ध्यान देकर सुनती हूँ।

कुछ दिन पहले उन्होंने कॉलेज के गीत का मतलब समझाया था। शायद इसी कारण मुझे, यह अच्छा लगने लगा है और मैंने इसे याद भी कर लिया है। *संगच्छदवं संवदध्वं सं वो मनोसि जानाताम्...*। अर्थात् हमारा उद्देश्य एक हो स्वर एक हों, हम सब एक मन हों ऐसी एकता के निर्माण के लिये मैं प्रार्थना करती हूँ। अगली बार जब माँ से मिलूंगी तो उन्हें यह गीत सुनाऊँगी। संस्कृत विषय की अध्यापिका होने के नाते उन्हें यह गीत अच्छा लगेगा। *"उनकी मेरे इस कोर्स को लेकर जो धारणा है शायद वह भी बदल जाए"*, मैं सोचती हूँ।

सभा में छात्राओं का समूह एक देशभक्ति का गीत गा रहा है। *'छोड़ो कल की बातें, कल की बात पुरानी।'* मैं ऐना को देखती हूँ। वह कुछ कहना चाहती हैं। मेरा अनुमान ठीक है। वह माइक पर आती हैं व कहती हैं कि हम पुरानी बातें कैसे छोड़ सकते हैं? वे तो नींव है एक मज़बूत कल की। हम

अपने इतिहास को बिसरा नहीं सकते क्योंकि उसी ने हमारे आने वाले समय को साँचे में ढाला है। जो हमारा अतीत है वही सतत् वर्तमान है।

मैं उनकी तरफ देखती रह जाती हूँ। मैंने यह गीत बहुत बार सुना है परन्तु कभी ऐना की तरह नहीं सोचा। मैं आज अपने आपसे एक वादा करती हूँ कि मैं हर जानकारी को प्रश्न करूँगी व तब ही सहमत होऊँगी जब मेरा दिमाग उसे स्वीकार कर लेगा।

प्रथम वर्ष के छात्र प्रतिनिधि

प्रथम वर्ष के छात्र प्रतिनिधियों का चुनाव होना है। उनका काम होता है अध्यापक विभाग और विद्यार्थियों के बीच में ताल-मेल बैठाना।

मैं अपना नाम इस चुनाव के लिए देती हूँ। मैं चुनाव जीत जाती हूँ। मेरे साथ एक और विद्यार्थी भी चुनी जाती है। वह हॉस्टल में नहीं पढ़ती अपितु केवल दिन में कॉलेज पढ़ने आती है।

हम दोनों ऐना से मिलने उनके कार्यालय जाते हैं। वह हमसे हाथ मिलाकर बधाई देती हैं। उनके हाथ की पकड़ एकदम सुदृढ़ और सौहार्दपूर्ण है। अब हमारा, आए दिन, स्टूडेन्ट-टीचर-मीटिंग में उनसे मिलना होता है। वह हमारे नाम पूछती हैं। बाहर आते हुए मैं सोचती हूँ, *"क्या वाकई इन्हें हमारा नाम याद रहेगा? खासकर... मेरा?"*

बाद में उनके साथ होने वाली मीटिंग में, मैं यह देखकर हतप्रभ रह जाती हूँ कि उन्हें सबका नाम याद रहता है। वह सभी को उनके नाम से ही सम्बोधित करती हैं।

मैं उनकी इस खासियत को कहीं अपने मन में बसा लेती हूँ।

LADY IRWIN COLLEGE

स्टूडेन्ट टीचर मीटिंग

छात्रों और शिक्षकों की बैठक में अनेक विषयों पर चर्चा होती रहती है। कॉलेज के पाठ्यक्रम से लेकर प्रशासनिक मुद्दे, कॉलेज की साफ-सफाई, सशक्तिकरण कार्यशालाएँ, कॉलेज पर्व और भी अन्य विषयों पर बातचीत होती है।

सीनियर्स ही सारी बातें करते हैं। हम दोनों, प्रथम वर्ष प्रतिनिधि, सिर्फ अपनी हामी भरते रहते हैं।

ऐना और उनकी टीम में अध्यापिकायें सभी बातें बहुत गौरपूर्वक सुनती हैं। अधिकतर वे हमारे सभी सुझाव और शिकायतों पर विचार-विमर्श करते हैं।

ऐना की वेशभूषा को मैं बहुत गौर से देखा करती हूँ। वह पारम्परिक सुंदर साड़ियाँ पहनती हैं। उनके ब्लाउज़ अक्सर साड़ी से एकदम भिन्न रंग के होते हैं। दाहिनी कलाई में दो या तीन लकड़ी की चूड़ियाँ और बाँई कलाई पर घड़ी, माथे पर बिंदी और बाल करीने से जूड़े में बँधे हुए।

अगले सप्ताह मैं छुटटी में घर जाती हूँ और माँ से एक बड़ी डायल वाली घड़ी खरीदने की ज़िद करती हूँ।

"जब एक है तो दूसरी क्यों चाहिए?" वह मुझसे पूछती हैं।

"क्योंकि ऐना ऐसी पहनती हैं", मैं कहती हूँ।

"ऐना?" माँ, मेरी ओर, प्रश्नात्मक नज़रों से देखती हैं।

"हाँ ऐना, मेरे कॉलेज की निदेशक", मैं कहती हूँ।

"तुम थोड़ा कायदे में रहो और उनका सम्बोधन आदर से करो। कोई एक बड़े डायल की घड़ी पहनकर उनका मुकाबला नहीं कर सकता। बाल विकास के क्षेत्र में उनका नाम है। तुम लोगों की पीढ़ी को उनके जैसा बनने के लिए कड़ी मेहनत करनी होगी।" माँ कहती हैं।

मेरी माँ की कही यह बातें, कहीं मेरे ज़हन में बस जाती हैं।

सन् 1987

पहला साल बहुत शीघ्रता से निकला जा रहा है। कोर्स के सभी विषय विभिन्न हैं। मैं स्कूल में विज्ञान की छात्रा रही हूँ और पहली बार अर्थशास्त्र, मनोविज्ञान और समाजशास्त्र पढ़ रही हूँ।

छात्रावास की स्वच्छंद ज़िन्दगी बहुत मस्ती भरी होती है। कुछ भी करने की स्वतंत्रता होती है जिसका अपना अलग ही मजा है।

देखते-देखते जुलाई वर्ष 1987 आ जाता है। कॉलेज का द्वितीय वर्ष प्रारम्भ होता है। नये विद्यार्थियों का बैच प्रवेश लेता है। वे सब फ्रेशर्स है। अब हम सीनियर्स बन चुके हैं। उनके स्वागत की पार्टी देने की अब हमारी बारी है। कालेज का कोई कार्यक्रम हो या हॉस्टल का, सभी आयोजनों में अब हमारी राय को मान्यता मिलने लगी है।

कॉलेज में फिर से चुनाव की घोषणा होती है। मैं इस बार कॉलेज सचिव के पद के लिए चुनाव लड़ती हूँ।

यह चुनाव मैं हार जाती हूँ। मन ही मन बुरा लगता है।

मेरी सीनियर सान्त्वना देती है, *"अरे चलो! ये सब तो होता ही रहता है। इस सबसे बाहर निकलो और मुझसे कॉमन रूम में आकर मिलो। आई॰आई॰टी॰ का वार्षिक पर्व होने वाला है*

और हम लोगों को रैम्प वॉक का आयोजन करना है। चलो! अब उसके ऑडीशन के लिए आओ।"

मैं उसकी तैयारी में जुट जाती हूँ। ऊँची एड़ी की सेन्डल पहनकर रैम्प पर चलने का अभ्यास करने लगती हूँ।

"सिर ऊँचा, सीना आगे और थोड़ी सी ऐंठ, एक अच्छी रैम्प वॉक में निहित होने चाहिए", मेरी सीनियर मशवरा देती है। परन्तु मैं उस पर खरी नहीं उतर पा रही हूँ। मेरी सीनियर भी अब धैर्य खोने लगी है। जिस प्रकार वह बता रही है, मैं बार-बार, वैसे ही चलने की कोशिश करती हूँ पर कामयाब नहीं हो पा रही हूँ।

वह कहती है, *"मैं चल कर दिखाती हूँ।"*

मैं उन्हें देखती ही रह जाती हूँ। *"क्या अंदाज है! सारा हाव भाव ही बदल गया है"*, मैं सोचती हूँ। मैं अगले कुछ दिन जमकर अभ्यास करती हूँ और हफ्ते के अंत में ऑडीशन में मेरा चयन हो जाता है।

इन इण्टर कॉलेज पर्वों में बहुत मस्ती रहती है। चाहे वह आई॰आई॰टी का पर्व हो या किसी भी अन्य कॉलेज का। मैं अपने इस नये अवतार को देखकर हतप्रभ हूँ। विश्वास ही नहीं होता है की ये मैं ही हूँ। हर दिन, हर क्षण का जी भर आनन्द ले रही हूँ। चाहे वह समूह में अभ्यास हो, चाहे कहीं जाना हो, निरूला का बर्गर खाना हो या स्टेज पर कोई प्रदर्शन हो, मैं बहुत उत्साह के साथ सभी कार्य करती हूँ।

मुझे एहसास होता है कि स्टेज पर जाकर कौशल दिखाना मुझे बहुत रोमांचित करता है और सब के साथ उठने-बैठने,

बातचीत करने में ही मेरे बहुमुखी व्यक्तित्व को आनन्द की अनुभूति होती है।

सबके साथ समय व्यतीत करने में विवाद भी हो सकते है, लड़ाइयाँ भी संभव है परन्तु साथ रहने का मजा ही कुछ और है। एक बार कालेज के स्टेज कार्यक्रम में मैंने जापानी कपडे पहने हैं। कद में थोड़ी छोटी और नाजुक दिखने के कारण मुझे हमेशा स्टेज के बीच की जगह मिलती है। बाकी सब कद में लम्बे लोग, मेरे चारों ओर खड़े होते हैं। जब यह जापानी वेशभूषा पहनकर मैं रैम्प पर चलती हूँ तो यकायक जापानी पंखा मेरे हाथ से गिर जाता है। आँखों के कोने से मुझे अपनी सीनियर का *"ये क्या हुआ"* वाला चेहरा दिखता है पर साथ ही साथ उसकी आवाज *"सिर ऊँचा, सीना आगे और थोड़ी सी ऐंठ"* कहीं दिमाग में घूम जाती है। मैं दर्शकों को एक प्यारी सी मुस्कान देती हूँ। झुककर अपना पंखा उठाती हूँ। जापानी मुद्रा में उसे अपने चेहरे के सामने घुमाती हूँ और पलटकर शान्ति से वापस जाने लगती हूँ, जैसे कुछ हुआ ही न हो और ऐसा लगे कि यह सब मेरे स्टेज परफॉरमेन्स का एक सुनियोजित हिस्सा है।

डा० आनन्दलक्ष्मी पहली पंक्ति में बैठी हुई हैं। इस सब के बीच हमारी नज़रें मिलती हैं और जिस कला से मैंने इस गलती को मौके पर सुधारा है, उस अंदाज के लिए वह सिर हिलाकर सहमति देती हैं। उनकी इस प्रशंसा से भरी नजर का प्रभाव मेरे व्यक्तित्व को सुदृढ़ बनाने में बड़ी भूमिका निभाता है। आगे आने वाले दिनों मे यह क्षण मुझे आत्मविश्वास से भरे नये आयामों तक पहुँचायेगा...।

पाठ्यक्रम

द्वितीय वर्ष का पाठ्यक्रम गहन होता जा रहा है। सभी विषयों में थ्योरी के साथ-साथ प्रैक्टिकल भी होते हैं। चूँकि मैं विज्ञान की छात्रा रही हूँ इसलिए किसी भी सिद्धांत को व्यवहारिक तौर पर समझने का महत्व मुझे समझ आता है। सरल भाषा में कहें तो जानकारी का प्रयोग उपयुक्त संदर्भ में कर पाना। इसीलिए गृह विज्ञान विषय, को विज्ञान संबन्धित विषयों की श्रेणी में गिना जाता है।

हमारे इस कोर्स में विविध विषय हैं। टेक्सटाइल जिसमें हम अलग-अलग कपड़ों के ताने बाने और बुनावट के बारे में सीखते हैं। हमारे देश की समृद्ध विरासत का एक रूप इन विभिन्न प्रकार की बुनावटों में भी देखा जा सकता है। सब एक दूसरे से भिन्न और अनूठी, और यह विविधता मुझे बहुत विस्मित करती है। पहली बार मुझे बनारसी और पोचमपल्ली का फ़र्क समझ आने लगा है।

मैं अपने पाठ्यक्रम में राजस्थान की पारम्परिक छपाई कला 'बन्धेज' की तकनीक सीखती हूँ। यह सब कलाएँ, इस आधुनिक युग में, दुर्लभ होती जा रही हैं। साथ ही साथ गुजरात की कच्छ कढ़ाई, पश्चिम बंगाल और उड़ीसा की काँथा कढ़ाई भी सीखती हूँ।

भोजन के विषय को विज्ञान के आयाम से समझना एक अद्भुत ज्ञान है। आज तक मैंने कभी भोजन को इस दृष्टिकोण से

देखा ही नहीं है। भोजन को अलग-अलग समूह में विभाजित कर, उसका उपयोग पकाने की पद्धति में किया जा सकता है। हमेशा सुनते आएँ है कि खाना-पकाना एक कला है, पर सही मायनों में यह एक विज्ञान ही तो है। खाने का यह नया स्वरूप जानने पर मैं खुद क्या खाती हूँ, इस बात पर सहज ही ध्यान जाने लगा है।

विषय जैसे, परिवार संसाधन प्रबंध, जैव रसायन विज्ञान और व्यवहारिक जीव विज्ञान, जानकारी के नये-नये आयाम प्रस्तुत करते हैं। चाहे मेरी पुष्प सज्जा की क्लास हो या पौधों की जानकारी की क्लास, सभी मुझे अचम्भित करती हैं। आखिर इस ब्रह्माण्ड में सीखने के लिए कितना कुछ है... असीमित भण्डार है।

अगली बार जब मैं घर जाती हूँ तो मेरी सुन्दर पुष्प सज्जा को देखकर मम्मी को बहुत सुखद आश्चर्य होता है। उनके लिए आठ कली का एक पेटीकोट भी सिलती हूँ। मम्मी खुश लग रही हैं।

"क्या उन्हें मुझ पर गर्व है?"

शायद अभी नहीं।

प्राथमिक वर्षों में बाल विकास

कोर्स के द्वितीय वर्ष में एक विषय पढ़ाया जाता है 'बचपन में विकास'। डा॰ सुजाता श्रीराम, डा॰ विनीता भार्गव और डा॰ आशा सिंह इस विषय की क्लास लेते हैं और मुझे इनके लैक्चर अच्छे लगते हैं। जब इन तीनों अध्यापिकाओं के व्याख्यानों को सुनती हूँ तो अपने बचपन की बहुत सारी बातें मन में घूम जाती हैं। इस बात का एहसास होता है कि किस प्रकार बचपन के अनुभवों ने मेरे व्यक्तित्व पर प्रभाव डाला है।

बहुत से मनोवैज्ञानिकों के सिद्धान्त मुझे रोमांचित करते हैं। प्रथम वर्ष के विषय 'मनोविज्ञान और बाल विकास' का एक सुन्दर समन्वय है जो मुझे अति रोचक और दिलचस्प लगता है। ये दोनों विषय एक दूसरे के पूरक बन जाते हैं।

सत्र के अन्त में बाल विकास विभाग की ओर से हम सब को बाल विकास डिपार्टमेन्ट द्वारा संचालित *राजकुमारी अमृत कौर* नर्सरी स्कूल ले जाया जाता है। इस दौरे का उद्देश्य यह है कि हम बाल विकास की पढ़ाई का वास्तविक जीवन में प्रयोग करना सीख पायें।

हम बीस छात्राओं का एक ग्रुप बना है। हमें एकदम शान्तिपूर्वक घूमने का निर्देश दिया गया है, ताकि छोटे बच्चे तंग न हों। डा॰ इन्दु कौरा, स्कूल की प्रमुख संयोजिका, अनुशासन की

बड़ी पक्की हैं और अपने स्कूल के बच्चों के हित के प्रति बहुत ज़िम्मेदार हैं। हमें यह बताया जाता है कि बाल विकास विभाग की पोस्ट ग्रेजुएट छात्राओं की कक्षायें वहाँ होती हैं और उनमें व्यवधान डालना अनुचित होगा।

स्कूल परिसर में घूमते हुए एक सीढ़ी दिखाई देती है। पता नहीं किस चुम्बकीय शक्ति के आकर्षणवश मैं सीढ़ी चढ़ने लगती हूँ।

मेरी सहेली पूछती है, "रूपा कहाँ जा रही हो?"

उसकी आवाज़ मुझे सुनाई ज़रूर देती है पर मस्तिष्क तक, जैसे पहुँचती ही नहीं।

ऊपर जाकर दाहिने हाथ पर एक कमरा है। ऐना की आवाज़ साफ सुनाई दे रही है। छात्राओं की हँसी भी। मैं बस ठगी सी खड़ी हूँ। एक पी०जी० की छात्रा कुछ पढ़ रही है। जब वह पढ़ना खत्म करती है तो ऐना उस प्रस्तुतिकरण का सारांश बता रही हैं। चारों तरफ पूर्णतः शान्ति है।

"सिर्फ पढ़ो मत", ऐना कहती हैं, *"अपनी बात को प्रस्तुत करो। मानो अपने श्रोताओं से बात कर रही हो। अगर उनकी तरफ देख कर बोलोगी तो वे तुम्हारी बातों से जुड़ जायेंगे और एक सरल सम्बन्ध स्थापित हो जाएगा।"* कोई मुझे आवाज दे रहा है, मैं नीचे दौड़ जाती हूँ।

पढ़ो मत। अपनी बात को प्रस्तुत करो।

यह कैसे संभव है? मैं अचम्भित सोचती रहती हूँ।

खेल दिवस

हर वर्ष स्पोर्ट्स् डे पर उल्लास और ऊर्जा भरा वातावरण रहता है।

मैंने बहुत उत्साह से 'मार्च पास्ट' में भाग लिया है। मैंने एक छोटी सी स्कर्ट पहनी है और साथ ही साथ अपने मोजे नीचे खिसका दिए हैं। इस उम्र में इन सब बातों का अलग रोमांच होता है। मेरे पिता अपने देश के बैडमिण्टन चैम्पियन रहे हैं। अपनी खिलाड़ियों जैसी सुगठित टाँगें, मुझे उनसे ही, विरासत में मिली हैं और मुझे इन पर इठलाना अच्छा लगता है।

मार्चपास्ट के बाद अनेक प्रकार की दौड़ प्रतियोगितायें हो रही हैं जिनमें बारी-बारी से भाग लेने का मौका हमें मिलता है। बचे समय में, दर्शक बन बैठकर ताली बजाने और सबको प्रोत्साहित करने का अलग ही मज़ा है।

मार्चपास्ट के उपरांत, एक विषय को लेकर कार्यक्रम प्रस्तुत करना होता है। द्वितीय वर्ष की छात्राओं ने चार्ली चैप्लिन का एक्ट चुना है। सब ने सफेद शर्ट, काली पैण्ट, काला हैट पहना है और काली काजल पेंसिल से चार्ली चैप्लिन की अनूठी मूँछें बनायी हैं। हम सब द्वितीय वर्ष की छात्रायें चार्ली चैप्लिन वाली छड़ी को पकड़ कर, क्रमबद्ध एक्सरसाइज़ करती हैं।

हमारा प्रदर्शन बेहतरीन रहता है और हमें पुरस्कार मिलता है। इस बार आकर्षक व्यक्तित्व के धनी, प्रकाश पादुकोन हमारे विशिष्ट अतिथि हैं। हम को ट्रॉफी भी मिलती है।

मेरा ध्यान ऐना की ओर जाता है। वह अन्य सभी शिक्षिकाओं के साथ बैठी हुई हैं। हल्की ठंड है। लॉन में हरी घास। आसपास कितनी रौनक है।

ऐना मैम की साड़ी कितनी आकर्षक लग रही है। सभी शिक्षिकायें प्याले से चाय की चुसकी लेती मालूम हो रही हैं।

ऐना भी प्याले से चाय पीती दिख रही हैं।

"चाय होगी? या फिर कॉफी?" मैं बरबस ही सोच पड़ती हूँ।

परीक्षा

परीक्षाओं के नज़दीक आते ही हॉस्टल का माहौल बदल जाता है। पूरी रात चहल-पहल बनी रहती है। रात के समय पुरू जी चौकीदारी करते हैं। वह बहुत सतर्क और खुशमिज़ाज इंसान हैं और उनके पास रात के दो बजे भी चाय और फ़्राइड राइस मिल जाता है।

चाहे कॉमन रूम हो या हॉस्टल के गलियारे, यहाँ तक कि बिल्डिंग की तरफ जाने वाली सीढ़ियों पर भी सभी बैठकर पढ़ते रहते हैं। कुछ लोग प्रैक्टिकल की तैयारी कर रहे होते हैं तो कुछ थ्योरी याद कर रहे होते हैं। बीच-बीच में हँसी मज़ाक चलता रहता है। हाँ! परीक्षा की घबराहट तो बनी ही रहती है। कभी-कभार कोई सीनियर वहाँ से गुज़र रहा होता है तो यह कह कर *"अरे! जब हम लोग पास हो गए तो तुम सब भी हो जाओगे"*, हम सब को निश्चिंत कर देता है।

डिनर के बाद आज-कल मैं कुछ छात्राओं के साथ कैम्पस में टहलती हूँ। इससे मुझे सुकून मिलता है और अगले कुछ घण्टों की पढ़ाई के लिए तरोताज़ा हो जाती हूँ। खुली हवा में सैर करने से शरीर और दिमाग दोनों चुस्त रहते हैं।

आज जब हम घूम रहे हैं तो हमें ऐना भी टहलती हुयी मिल गयी हैं। हम आदरवश उन्हें ग्रीट करते हैं। सीनियर्स

उनके साथ कुछ हल्की-फुल्की विनम्र बातचीत करते हैं। हम अभिवादन कर जाने वाले ही होते हैं कि वह मुझे देखती हैं और मुझे मेरे नाम से सम्बोधित करती हैं।

मैं अचम्भित उन्हें देखती रह जाती हूँ।

स्नातक वर्ष

अब तृतीय वर्ष शुरू हो चला है। सीनियर्स बनने की खुशी के साथ-साथ एक आकुलता का भी एहसास सदैव रहता है। यह हमारा कॉलेज का आखिरी वर्ष है। कॉलेज की दिनचर्या लगभग वही है। पर हाँ! अब दो वर्ष कॉलेज में व्यतीत करने के पश्चात् कदमों में एक सहजता, स्वभाव में स्थिरता और दोस्ती में प्रगाढ़ता और आत्मीयता है।

पिछले दो वर्षों की अपेक्षा हर दूसरे दिन कनॉट प्लेस जाना या फिर शाम को बंगाली मार्केट के चक्कर काटना इस वर्ष कम हो गया है। उसकी जगह अब लाइब्रेरी ने ले ली है। इसी कारणवश विषयों की गहरी समझ होने लगी है।

इस वर्ष के पाठ्यक्रम में अब सभी विषय अधिक व्यापक और विस्तृत हैं जैसे अब टेक्सटाइल में, परिधान/पहनावा, उसी तरह भोजन विज्ञान में, पोषण और आहार विधा, केंद्रीय विषय हैं। कैलोरी के हिसाब से उचित आहार होना और उसे पकाने की विधि भी हम सीख रहे हैं।

हम हाउसिंग और फर्निशिंग विषय में, आर्किटेक्ट की तरह, एक अच्छे घर की प्लानिंग करना सीखते हैं। तरह-तरह के रंगों का समन्वय और घर की साज-सज्जा में उनका महत्व मुझे समझ आने लगा है।

अभी तक हमने 'बाल्यावस्था में विकास' विषय को विस्तृत रूप से पढ़ा है। अब तीसरे वर्ष में 'उत्तर बाल्यावस्था और किशोरावस्था में विकास' पर विशेष ध्यान है।

यह विषय मुझे बहुत पसंद आता है। इस अंतिम वर्ष में छठे विषय के तौर पर मैंने भारत में बाल कल्याण को चुना है।

इस विषय की प्रैक्टिकल जानकारी के लिए हम नई-नई जगह जाते हैं। जहाँ-जहाँ निर्माण कार्य चल रहा होता है, वहाँ पर मजदूरों के बच्चों के लिए अस्थायी बालगृह की व्यवस्था होती है। हम लोग बस्तियों का भी दौरा करते हैं। छोटी बस्तियों में बच्चों के विकास का क्या स्वरूप रहता है, वहाँ जाकर समझ आता है। गाँव और आँगनवाड़ियों में जाकर भारत में जो बाल कल्याण की विभिन्न योजनायें चल रही हैं उसका बारीकियों से अध्ययन करते हैं।

अपनी बीस वर्ष की आयु में व्यक्तित्व रचना, चरित्र निर्माण जैसे पारिभाषिक शब्दों का सही अर्थ समझ आने लगा है। एक बार अपनी माँ के सामने मैं पहचान-निर्माण की बात करती हूँ। वह इस शब्द का अर्थ मुझसे पूछती हैं।

मैं उन्हें विस्तृत रूप से बताती हूँ कि इसका अर्थ है स्वयं के ऊपर ध्यान देना, अपने अस्तित्व से संतुष्ट होना, साथ ही साथ अपने व्यवहार व चाल-चलन में सहज रहना और स्वः में विश्वास करना। एक ऐसे कार्य-क्षेत्र का भी चुनाव करना जिसे करने में आत्म संतोष और स्वाभिमान का अनुभव हो। मैं उनसे रोल-मॉडल शब्द का भी विवरण करती

हूँ। रोल-मॉडल यानी किसी व्यक्ति विशेष से प्रभावित हो, उसकी तरह बनने का सतत् प्रयास करना।

वह कुरेदकर पूछती हैं, "क्या तुम भी किसी व्यक्ति विशेष की तरह बनना चाहती हो?"

"तुम्हारा मतलब रोल मॉडल?" मैंने यह शब्द नया-नया सीखा है।

"हाँ! तो तुम्हारा प्रेरणा स्रोत कौन है?" वह पूछती हैं।

मैं उन्हें छेड़ते हुये कहती हूँ, "सिगमण्ड फ्रायड" मुझे पता है उन्हें इस व्यक्ति के बारे में जानकारी नहीं है।

"कौन?" वह पूछती हैं।

"चलो छोड़ो", मैं हँस देती हूँ।

उस रात एक स्वप्न से मेरी नींद टूटती है। स्वप्न में मैंने देखा है कि मैं किसी से बात कर रही हूँ। उन्होंने साड़ी पहनी हुई है और बालों में जूड़ा बनाया हुआ है। कहीं मेरे अचेतन मन में प्रेरणा स्रोत के रूप में ऐना मैम की छवि रच-बस गयी है।

स्पिक-मैके

मैं पहली बार एक शास्त्रीय गायन के कार्यक्रम में जा रही हूँ। मैंने स्कूल में तीन साल भरतनाट्यम सीखा है इसलिए सुर और ताल की मुझे खूब समझ है। मुझे बॉलीवुड के गाने एवं लोक गीत अधिक पसंद हैं। स्पिक-मैके द्वारा बहुत सारे प्रख्यात शास्त्रीय कलाकारों के कार्यक्रम, दिल्ली के विभिन्न कॉलेज में, होते रहते हैं। मेरे कॉलेज में भी, छात्रावास में रहने वाली हम छात्राओं को इन कार्यक्रमों को देखने के लिए प्रोत्साहित किया जाता है। हमारे लिए यह सुअवसर और भी सहज हो जाता है क्यूँकि छात्रावास से, कार्यक्रम प्रस्तुति के हाल की दूरी पाँच मिनट में तय हो जाती है।

सभी शिक्षकगण और ऐना भी ये कार्यक्रम नियमित रूप से देखते हैं। मैंने गौर किया है कि ऐना शास्त्रीय संगीत की प्रस्तुति के दौरान एकदम मग्न हो जाती हैं। संगीत सुनते समय उनकी भाव भंगिमा देखने की जिज्ञासा मुझमें बनी रहती है। दूर से देखने पर यह समझ नहीं आता कि संगीत सुनते समय उनकी आँखे खुली रहती है या बंद? किसी ने मुझे बताया है कि बाल्यावस्था में ही ऐना के मन में संगीत के प्रति रूझान के बीज पनप चुके थे।

उस दिन मैं गौर से, उस्ताद को तबला बजाते हुई देखती हूँ। कहीं पर मैंने कुछ पढ़ा था वह मुझे अचानक याद आ जाता है।

एक आदमी तबला वादक से कहता है, "आप कितना अच्छा तबला बजाते हैं। इतना अद्भुत तबला बजाने के लिए मैं अपना जीवन न्यौछावर कर सकता हूँ।"

तबला विशेषज्ञ, शान्तिपूर्वक उत्तर देते हैं, "मैंने अपना जीवन ही न्यौछावर किया है।"

मैं ऐना को देखती हूँ। उन्होंने भी अपनी जिन्दगी बाल विकास के क्षेत्र को समर्पित की है। वह इस क्षेत्र में संलग्न है। इसका पाठ्यक्रम उन्होंने बनाया है। लेडी इरविन कालेज में बाल विकास का स्नातक का प्रोग्राम उन्होंने ही स्थापित किया है।

बच्चों पर भारतीय संस्कृति की अनेकता का क्या प्रभाव पड़ता है इस पर उन्होंने शोध किया है। वह हम सब को पढ़ाती भी है। अपनी व्यस्त दिनचर्या में उन्हें संगीत का आनन्द लेने का भी समय मिल जाता है। क्रौसवर्ड पहेली को भी हल करती है और कॉलेज की निदेशक के बतौर वह सारे निर्देश देती हैं, सब प्रबन्धन करती हैं व सभी गतिविधियों की योजना बनाती हैं।

कैसे करती हैं इतना सब कुछ ऐना! यह आश्चर्यजनक है और इसी लिए वह बहुत ही खास हैं।

सी०डी० टाइप्स

दिल्ली की सर्दियाँ बहुत सर्द होती है। मुझे यह मौसम पसन्द है। लेक्चर्स के बीच में कॉलेज के जलपान गृह में जाकर चाय पीना बड़ा रास आता है। कभी-कभी हम लोग ब्रेड पकौड़ा मँगाते है तो ऐसा लगता है कि इस सूरज की गरमाहट से पकोड़े में एक अलग ही भीना स्वाद आ गया है।

बाल विकास की शिक्षिकाएँ, अन्य सभी शिक्षिकाओं से, एक अलग अंदाज़ में परिधान पहनती हैं। पारम्परिक सजीली साड़ियाँ व उनके साथ विपरीत रंग का ब्लाउज़, झुमकियाँ, नेकलेस और लकड़ी की चूड़ियाँ देखकर समझ आ जाता है ये सी०डी० विभाग से हैं। माथे की बिंदी पर प्रायः एक लाइन या बिन्दु लगा रहता है। साथ ही आँखो में काजल।

मैंने 'भारत में बाल कल्याण' का विषय चुना है और इस मायने से मैं सी०डी० टाइप श्रेणी में एकदम सटीक बैठती हूँ।

एक बार, विभाग में कहानी सुनाने की कक्षा में, अपनी बारी आने का इंतजार कर रही हूँ। एक छात्रा बड़ी ही रोचक शैली में, ढंग से अभिनय करते हुए, कहानी सुना रही है। छोटे बच्चों को तो खूब मज़ा आ रहा है। साथ ही साथ अंतिम वर्ष की छात्राएँ भी तल्लीनता से कहानी सुन रही हैं। कहानी सुनाने वाली छात्रा बच्चों को बीच-बीच में कट आउट्स दिखाकर अपनी बात कह रही है पर उसका शॉल उसके हाथों

में बार-बार फँस रहा है। ऐना उठती हैं और कहानी का प्रवाह रोके बगैर उसका शॉल उतार देती हैं। वो कहानी कुछ देर तक सुनती है फिर धीरे से चली जाती हैं।

तत्पश्चात् हम एक दूसरे की कथाकारिता का आकलन कर रहे हैं तो हमारी अध्यापिका डा॰ आशा सिंह, अपनी राय देती हैं और हमें इन सब बातों पर ध्यान देना सिखाती हैं।

- बच्चों की ध्यान अवधि को बनाए रखने के लिए नाटकीय हाव-भाव का महत्व/अतिश्योक्ति पूर्ण अभिव्यक्ति।
- बच्चें की आयु के अनुरूप कहानी की सही अवधि।
- कहानी के भिन्न-भिन्न पात्रों के लिए आवाज बदलना।
- श्रोताओं के अनुसार उपयुक्त भाषा का उपयोग।
- कहानी को रोचक बनाने के लिए किताबों, चार्ट, कटआउट, स्क्रीन का उपयोग।
- भाव भंगिमा/शारीरिक मुद्राओं का प्रदर्शन।
- कहानी कहते समय हाथों का सही उपयोग। साथ ही साथ इसके लिए उचित कपड़े भी पहनना। शाल, मफलर, स्कार्फ आदि परिधान न पहनना ताकि कहानी कहते समय कोई बाधा न हो।

उलझन

अंतिम वर्ष की परीक्षाएँ होने को हैं, परन्तु आजकल बातचीत का मुद्दा यह नहीं है कि परीक्षा में क्या आएगा। *अब आगे क्या करना है*, यही प्रश्न सबके मन में है।

मेरी कुछ सहपाठियों की शादी होना सुनिश्चित है। उन्हें अपनी ज़िन्दगी की राह पता है। कुछ हैं, जो तीन वर्ष हॉस्टल में रहने के बाद, अपने घर लौटकर जाना चाहती हैं। कुछ सहपाठी, पोषण और आहार में, एक वर्ष का डिप्लोमा कोर्स करने का निर्णय लेते हैं। कुछ ऐसे भी हैं, जिनको पक्का पता है कि उन्हें किसी क्षेत्र में पोस्ट ग्रेजुएशन करना है। कुछ लड़कियों को बी॰एड॰ की प्रवेश परीक्षा देकर टीचर बनने का कोर्स करना है।

और एक मैं हूँ...

मुझे अभी नहीं पता कि क्या करना है।

खुला आसमान है मेरे सामने... और उड़ान भरने के लिए पंख...।

विदाई समारोह

फेयरवेल पार्टी हर साल होती है परन्तु इस बार यह विशेष है। यह हम लोगों के लिए जो है। हमने एक सफेद टी-शर्ट का आर्डर दिया है। इस टी-शर्ट पर, जो हमने खट्टे-मीठे तीन वर्ष बिताएँ हैं, उनकी अवधि छपी है (86-89)। हम लोग पारंपरिक बंगाली वेशभूषा में तैयार हुये हैं और प्रथम व द्वितीय वर्ष की छात्राओं को ज़मीन पर बैठाकर पत्तल पर देसी भोजन परोसते हैं। यादगार के लिए हॉस्टल और सहायक स्टाफ को छोटे-छोटे उपहार भी भेंट स्वरुप देते हैं।

जूनियर्स हमारे लिए एक कार्यक्रम पेश करते हैं। सब कुछ तो है-अच्छा खाना, नाच-गाना, उपहार, मस्ती। साथ ही साथ मन की स्थिति से अवगत कराते ये आँखों में भर आये आँसू...।

निर्णय

फाइनल परीक्षा के बाद का समय बहुत अभिभूत करता है। दोस्त चले गये हैं। कॉलेज की दिनचर्या भी नहीं है। पड़ोसी और रिश्तेदार बार-बार बस यही पूछते हैं कि अब आगे क्या करना है। यह समय शांति का भी है। इस बात पर विचार करने का, कि आखिर मुझे अपने जीवन को क्या मोड़ देना है। अंततः क्या करना है?

मैं सभी विषयों के बारे में अधिक जानकारी प्राप्त करती हूँ। मेरे मन में बाल विकास का विषय ही सर्वथा घूमता रहता है। नर्सरी स्कूल में बिताए दिन, विभाग के साथ प्रैक्टिकल क्लास, कथा-कथन की एक्टिविटी व छोटे बच्चों के साथ बिताए गए समय ने अपनी अमिट छाप मेरे मस्तिष्क पर छोड़ी है। ये सब मेरे जीवन के यादगार पल हैं। मैं निर्णय ले लेती हूँ।

अपनी माँ को बताती हूँ। वह भी मेरे इस निर्णय से खुश दिखायी देती हैं। अगले पाँच हफ्ते, मैं बाल विकास में स्नातक की प्रवेश परीक्षा की तैयारी में जुट जाती हूँ। यह एक अत्यन्त प्रतिष्ठित कोर्स है।

आवेदन पत्र

कोर्स के लिए आवेदन पत्र भरने की आखिरी तारीख करीब है। मैं थोड़ी घबरायी हुयी सी परीक्षा का फॉर्म भर रही हूँ। मेरे सभी दोस्त और सहपाठी भी फार्म भर रहे हैं। किसी-किसी के हाथ में दो फार्म है।

"गीता", मैं आवाज देती हूँ।

वह मुझे समझाती है कि हमें अकलमन्दी से काम लेना चाहिए और अलग-अलग प्रोग्राम के लिए अलग-अलग फॉर्म भरने चाहिऐ।

"क्यों", मैं पूछ बैठती हूँ!

वह कहती है, *"प्लान बी! कहीं एक में न हो तो दूसरे में हो जायेगा।"*

अरे! ऐसा तो मैंने सोचा ही नहीं था। उसको देखकर मैं बी.एड की प्रवेश परीक्षा का फॉर्म भी भर देती हूँ।

दो फॉर्म भरना, क्यूँ सही नहीं है- यह बात मुझे बाद में समझ आएगी। क्यूँकि 'प्लान बी' हमारा ध्यान हमारे प्राथमिक लक्ष्य से हटा देता है और हम खुद की योग्यता पर ही भरोसा नहीं कर पाते हैं।

पर यह बात मुझे उस दिन समझ नहीं आती।

परिणाम

प्रवेश मिले, सभी नामों की सूची अलग-अलग विषयों के अंतर्गत नोटिस बोर्ड पर लगी है। बी॰एड॰, आहार-शास्त्र, बाल विकास, वस्त्र और परिधान, आहार एवं पोषण, संसाधन प्रबंधन में स्नातक प्रोग्राम इत्यादि।

मैं मास्टर्स की लिस्ट में अपना नाम ढूँढती हूँ। उसमें 16 नाम हैं। मैं अपने नाम को देखने की कोशिश करती हूँ। एक बार फिर... एक बार फिर...।

गीता आवाज देती है। *"हो गया!"* वह कहती है। *"आओ देखो, देखो हमारे नाम लिस्ट में हैं।"*

मैं चुपचाप उसके साथ जाती हूँ। मेरा नाम बी॰एड॰ की लिस्ट में लिखा हुआ है। मैं गीता को बधाई देती हूँ और घर आ जाती हूँ। मेरी माँ मेरा चेहरा देखकर ही मेरे मन की उदासी भाँप लेती हैं। वह मुझे साँत्वना देती हैं, *"बी॰एड॰, भी तो बढ़िया कोर्स है। यह तुम्हारे बहुत काम आएगा। तुमको इस प्रोग्राम में दाखिला जरूर लेना चाहिए। अगले साल फिर मास्टर्स के कोर्स के लिए आवेदन कर देना।"*

मैं सिर हिलाती हूँ। मुस्कुरा भी देती हूँ। पर यह मुस्कुराहट मेरे होठों पर ही ठहर जाती है। आँखों तक नहीं पहुँच पाती...।

बी॰एड॰ ओरिएन्टेशन प्रोग्राम

समय का अनुमान ही नहीं लगता और दिन बीतते चले जाते हैं। मैं दिन रात एक रोबोट की तरह घूमती रहती हूँ। मेरी माँ, मेरे चहरे से, मेरे मन की स्थिति पढ़ पाती हैं। परन्तु वह मुझे प्रोत्साहित करती रहती हैं। वह मुझे समझाती हैं कि पढ़ाई किसी भी क्षेत्र में हो, निरंतर आप हमेशा कुछ सीखते हैं। आप को आत्मबल मिलता है और आत्मविश्वास बढ़ता है। माँ बहुत प्यारी हैं। मैं प्रोग्राम में दाखिला लेने का निर्णय लेती हूँ। ओरिएन्टेशन प्रोग्राम का दिन आ गया है। बी॰एड॰ प्रोग्राम में प्रवेश लेने वाली सभी छात्रायें बड़े से हाल में बैठी है। बी॰एड॰ प्रोग्राम का बुनियादी ढाँचा और उससे सम्बन्धित जानकारी, डा॰ आनन्दलक्ष्मी देने वाली हैं।

हमेशा की तरह उनका सम्बोधन बहुत प्रेरणादायक है। वह सभी को पूरी तन्मयता से, कोर्स की पढ़ाई करने के लिए प्रेरित कर रही हैं जिससे एक अच्छी शिक्षिका बना जा सके।

मैं ऐना को एकटक देखती हूँ। इस हॉल में उनकी मौजूदगी का इतना प्रबल प्रभाव महसूस करती हूँ कि मेरे मन का बाँध टूट जाता है और मैं सुबक-सुबक कर रोने लगती हूँ। मेरे मन में बार-बार बस यह विचार घूम रहा है कि जब में बाल विकास में मास्टर्स करना चाहती हूँ तो मैं यहाँ बी॰एड॰ ओरिएन्टेशन प्रोग्राम में क्यों बैठी हुई हूँ?

मैं अपना रोना रोक ही नहीं पाती। कुछ लोग मुझे मुड़-मुड़ कर देखने लगते है। ऐना भी गौर करती हैं पर वह कुछ नहीं कहतीं।

बैठक खत्म होने पर मुझे अपने इस नाटकीय और बच्चों जैसी हरकत पर बहुत शर्मिंदगी होती है। मैं ऐना से माफी माँगने उनके आफिस जाती हूँ।

वह पूछती हैं, *तुम इतनी परेशान क्यों हो?*

मैं उन्हें कारण बताती हूँ।

"तुम्हें ऐसा क्यूँ लगता है कि बाल विकास में पोस्ट ग्रेजुएशन ही तुम्हारे लिए उपयुक्त रहेगा?" वह पूछती हैं।

मैं धीरे से कहती हूँ, *"क्योंकि मैं जब बच्चों के साथ होती हूँ तब सबसे ज्यादा खुश होती हूँ।"*

वह मेरी तरफ देखती हैं। पर कोई प्रतिक्रिया नहीं देतीं।

माँ

मेरी माँ का पथरी का आपरेशन होना निश्चित है। बी०एड० की पढ़ाई जुलाई के दूसरे सप्ताह से शुरू होगी। मैं माँ के साथ रहने के लिए घर आ जाती हूँ।

अक्सर मेरे मस्तिष्क में नर्सरी स्कूल, बाल विकास के लेक्चर्स और जो केस स्टडी मुझे करने के लिये मिली थी, उनकी स्मृतियाँ घूमती रहती हैं। मेरे विषय की गहरी समझ, उसका स्वरूप, उसका अध्ययन मुझे बहुत संतोष देता है और मुझे दिल से खुशी मिलती है।

मम्मी मुझे देखती रहती हैं... शायद मेरा चेहरा पढ़ सकती हैं। मैं उन्हें बेहद प्यार करती हूँ। उन्होंने ही मेरे बचपन को इतना खूबसूरत बनाया है। सभी निर्णयों में मेरा साथ दिया है। आज मेरा हाथ पकड़ कर मुझे आश्वस्त करती हैं। अपने आपरेशन के फौरन बाद भी उन्हें मेरी ही चिंता है।

मैं मुस्कुरा कर उनसे कहती हूँ, "मैं एकदम ठीक हूँ।"

वाह!

मैं हॉस्टल वापस आ जाती हूँ। आज फीस भरने का अंतिम दिन है। मैं सीधे कार्यालय जाती हूँ। *"आपका कौन सा प्रोग्राम है?"*, कार्यालय के कर्मचारी पूछते हैं।

मैं कहती हूँ... *"बी॰एड॰।"*

कालेज कॉरिडोर में कितनी चहल-पहल है।

वह मुझे कोर्स की धनराशि बताते हैं।

"आपका नाम क्या है?" वह पूछते हैं।

"रूपा मजूमदार", मैं जवाब देती हूँ।

"अच्छा रूकिये!" वह विनम्रता से कहते हैं।

कुछ और छात्राएँ भी फीस जमा कर रही हैं। हम एक दूसरे को हाथ हिलाकर हेलो बोलते हैं। मुझे वाकई अपना कालेज बहुत ज़्यादा अच्छा लगता है। इसकी बिल्डिंग पसंद है। यहाँ की हवा में एक अलग सी बात है।

इतने में क्लर्क आवाज देते है, *"रूपा मजूमदार आपको इतने रूपये जमा करने हैं। आपका सी॰डी॰ में स्नातक कोर्स है।"* मैं ठिठक कर खड़ी रह जाती हूँ।

"अवश्य ही कुछ गड़बड़ है।" मैं अपने आप से कहती हूँ। मेरी धड़कनें अचानक तेज हो गयी हैं। वह जवाब देते हैं, *"कोई*

गड़बड़ी नहीं है।" क्या उन्होंने मेरा अनकहा प्रश्न मेरे चेहरे से पढ़ लिया है?

मैं घबराई हुई सी पूछती हूँ, *"मैं कब तक अपनी फीस जमा कर सकती हूँ?"*

वह मुस्कुराते हुए कहते है, *"आफिस शाम 5 बजे तक खुला है।"*

मैं आफिस से तेज कदमों से निकलती हूँ। प्रतीत होता है मुझे साँस ही नहीं आ रही हैं। कहीं बैठना चाहती हूँ।

मेरे पैर मुझे ऐना के ऑफ़िस की तरफ खींचते हुए ले जाते हैं। सत्र का प्रारम्भ है। उनके ऑफ़िस में छात्राओं का झुण्ड लगा है, वह इतने शोरगुल के बावजूद मुझे देख लेती हैं।

मैं सकपकाई हुई कहती हूँ, *"मैम!"*

वह मुझे देख रही हैं। वह मुझे बधाई देती हैं।

"मैम"…… मैं दोबारा कहती हूँ। शब्द ही नहीं सूझ रहे हैं। वह कहती हैं, *"एक छात्रा, दो विषयों में प्रवेश के लिए चयनित हो गई थी। उसने सी००डी० कोर्स की अपेक्षा दूसरे विषय का चयन कर लिया। अगला नाम लिस्ट में तुम्हारा था। इसलिए तुम्हारा चयन हो गया।"*

"मैम", मैं तीसरी बार कहती हूँ।

"जाओ…भागो…अब क्लास में मिलते हैं", ऐना मैम मुस्कुरा कर कहती हैं।

मैं आफिस से निकलती हूँ। टेलीफोन बूथ की तरफ भागती हूँ। माँ को फोन मिलाती हूँ। और उन्हें अपने पी०जी० प्रोग्राम में दाखिले की खबर देती हूँ।

हम दोनों इतने भाव विह्वल हैं। एक दूसरे को देख नहीं पा रहे, पर जानते हैं कि हम दोनों की आँखों से खुशी के आँसू टपके जा रहे हैं।

परिचय

एम०एस०सी० के प्रथम वर्ष में हम सोलह छात्राएँ हैं। कुछ को मैं पहले से जानती हूँ। हमने साथ ही साथ तीन साल तक स्नातक की पढ़ाई की है। अन्य सभी से परिचय द्वारा जान पहचान होती है।

हम सब अलग-अलग हैं। भिन्न-भिन्न वातावरण से आए हैं। भिन्न-भिन्न कद-काठी हैं, पर निश्चित हमारे मस्तिष्क किसी एक ही तार से जुड़े हुए हैं। हम एक ही कोर्स जो साथ करने जा रहे हैं।

यही बात हमारे कोर्स की सभी अध्यापिकाओं के लिए भी लागू होती है। डा० आनन्दलक्ष्मी, डा० आशा सिंह, डा० भानुमती शर्मा, डा० नन्दिता चौधरी, डा० नीरजा शर्मा, डा० विनीता भार्गव, डा० वाई०एस० सुब्रहमण्यम। कद काठी, जैविक स्वभाव में सब एकदम भिन्न पर ज्ञान, बुद्धि, प्रज्ञता, वाक्पटुता, हास्य, सजीली वेशभूषा और ईमानदारी से सी०डी० विषय से संलग्न... इन सभी खूबियों के एक अदृश्य धागे से बंधी हुई!

इस पूरे समूह की अग्रणी ऐना हैं जो मेरे दिल में रच-बस गई हैं।

वर्ष 1989-90

यह वर्ष एकदम जादुई है। यह कोर्स मुझे बाल विकास के इतिहास और सिद्धान्त, प्रारम्भिक बचपन की देखभाल और शिक्षा, बच्चों पर सामाजिक, सांस्कृतिक प्रभाव और सिद्धान्त जैसे विषयों की पूर्ण जानकारी और गहरी समझ देता है। साथ ही साथ मुझे शोध के लिए क्या दृष्टिकोण, विधियाँ और सिद्धान्त प्रयोग में लाने चाहिए उसके लिए समर्थ बनाता है।

मैं अनेक किताबें, लेख और पत्रिकाएँ पढ़ती हूँ। बहुत से व्याख्यान और चर्चाओं को सुनती हूँ। मैं सेमिनार को सर्वांगीण रूप से प्रस्तुत करना सीखती हूँ। अब समझने लगी हूँ कि लिखी हुई बात को कह देना व अपने विचारों को प्रस्तुत करने में अन्तर है। प्रैक्टिकल कक्षायें मुझे बच्चों के साथ, समय बिताने का अवसर देती हैं। उनकी सोच को समझने का स्वरूप समझाती हैं। मैं विस्तार से जानने लगती हूँ, वे किस प्रकार सोचते हैं एवं आयु और विकास के अनुरूप उनमें क्या योग्यता/गुण होने चाहिए व इन सबका क्या मापदण्ड होना चाहिए।

मैं खुली आँखों से सब कुछ देखती हूँ, खुले कानों से सब सुनती हूँ और दिमाग को एकाग्र करके सब कुछ समझती हूँ और हृदय से आत्मसात करती हूँ। सभी प्रोफेसर अपने विषयों को पढ़ाने के साथ-साथ हमें कल्पना, प्रयोग, आनंद

और सपनों को बुनने की एक सुन्दर दुनिया की सैर भी
कराते हैं।

प्रगति मैदान

प्रगति मैदान, लेडी इरविन कालेज से बस आधा किलोमीटर की दूरी पर है। यहाँ के विस्तृत मैदानों में आए दिन भिन्न-भिन्न प्रकार की प्रदर्शनियाँ लगती रहती हैं। छात्रों को भी, नुक्कड़ नाटक द्वारा, अपना हुनर दिखाने व सामाजिक मुद्दों को जनजान्य तक पहुँचाने का एक मंच मिलता है।

नुक्कड़ नाटकों में, मैं लगातार भाग लेती हूँ। नुक्कड़ नाटकों का उद्देश्य, ज्वलंत समस्याओं के प्रति, लोगों को जागरूक करना होता है। विषय जैसे 'लड़कियों से छेड़छाड़ 'महिलाओं के लिए समानता, 'कन्या भ्रूण हत्या', 'ईच वन टीच वन' (हर एक, पढ़ाओ एक) इत्यादि को सरल भाषा का प्रयोग कर व व्यंग्य की चोट कर, समाज में जागरुकता फैलाने का माध्यम, नुक्कड़ नाटक हैं।

प्रगति मैदान के शाकुन्तलम नामक थियेटर में शाम को पिक्चर की स्क्रीनिंग की जाती है। इनके प्रवेश टिकट, उचित दामों में मिलते हैं। इसलिए हम स्टूडेन्टस् भी खरीद पाते हैं। हम पिक्चर के बाद आराम से टहलते हुए वापस आ जाते है चूँकि शाकुन्तलम थियेटर हॉस्टल के पास ही है। आज ऐना हमारे साथ पिक्चर देखने आयी हैं। इस सप्ताह 'लियो टालस्टॉय' के उपन्यास पर आधारित पिक्चर 'ऐना कैरेनीना' दिखायी जा रही है। पिक्चर देखने के बाद हम सब सिनेमाघर के बाहर सीढ़ियों पर बैठकर चाय पीते हैं। पिक्चर से मंत्र

मुग्ध हो, हम सभी प्यार, रिश्तों, शादी, भावनाओं और इनसे सम्बन्धित विषयों पर बातचीत करने लगते हैं।

ऐना शान्ति से सब सुनती रहती हैं। कभी हामी भरती हैं। कभी एकाध बात कहती हैं और हमेशा की तरह इस बातचीत के अन्त में अपने उसी चिर परिचित अंदाज में एक बात हमसे कहती हैं।

"तुम लोग अपने जीवन साथी का चुनाव ऐसा करना कि वह हर तरह से तुम्हारे अनुरूप हो ना कि उसमें सिर्फ रूप ही रूप हो।"

हम सब खिलखिला कर हँस पड़ती हैं।

सेमिनार

कॉलेज में एक सेमिनार का आयोजन किया गया है। भाग लेने वाली सभी छात्राओं को बीस मिनट का समय मिला है। सेमिनार के लिए मैंने अपना विषय चुना है- *'इकलौती संतान'*

अगले कुछ दिन, सारा समय इस विषय पर शोध करने, लाईब्रेरी में जाकर सम्बन्धित किताबें पढ़ने, इंटरव्यू और प्रश्नावली के आधार पर जानकारी इकट्ठा करने में निकलता है। इस गोष्ठी में अपने विषय को सन्मुख रखने के बाद मैं बहुत कुछ सीखती हूँ-

- दर्शकों से बात करते समय शारीरिक भाव भंगिमा का उचित प्रयोग करना।
- दर्शकों को बाँधे रखने के लिए अपनी आवाज़ में उचित परिवर्तन लाना।
- आवश्यक शब्दों पर ज़ोर देते हुए, ऊँची परन्तु स्पष्ट आवाज में बोलना।
- अपने प्रस्तुतिकरण में चातुर्य और हास्य का अंश डालना।
- अपनी बात को सर्वांगीण रूप से प्रस्तुत करना, ना कि सिर्फ कागज पढ़कर बोलना।
- दर्शकों के साथ आँखे मिलाकर बात करना ताकि सभी दर्शकों को लगे कि हम उनसे ही यह बात कह रहे हैं।

- चेहरे पर अनुरुप भाव रखना। भृकुटि तानने की अपेक्षा मुस्कुराना।
- प्रस्तुतिकरण से पहले और बाद में हाथ मिलाते समय हाथ की पकड़ एकदम, दृढ़ रखना।

यह सारी सीख इस गोष्ठी की प्रमुख, ऐना, द्वारा दी जाती है।

परीक्षा काल (एम॰एस॰सी॰ प्रथम)

परीक्षा काल के दौरान मुझे कॉलेज में बहुत आनन्द आता है। शाम के समय एक निस्तब्धता पूरे कैम्पस में रहती है। मैं अपने आप पर गौर करती हूँ। अपनी पसंद का कोर्स करने के कारण एक आत्मबोध की भावना है। मैं ज्ञान-अर्जन के लिए पढ़ाई कर रही हूँ। अपने विषय और इसके साथ जुड़े अन्य विषयों से सम्बन्धित सभी सिद्धांतों को समझ पा रही हूँ। यह एक बड़ा ही संतोषजनक एहसास है। स्कूल के सालों में मुझे प्रतिस्पर्धा और तुलना करना सिखाया गया है परन्तु कॉलेज में दूसरों के नज़रिये को समझना सीख जाती हूँ। यह विद्यालय से कॉलेज तक की यात्रा बड़ी रोचक है। पुस्तकों से मिला ज्ञान मुझे सजीव कर देता है। शिक्षकों के लैक्चर को मैं बार-बार दिमाग में दोहराती हूँ। सभी महत्वपूर्ण तथ्यों को मैं लिख लेती हूँ और बहुत से मनोवैज्ञानिकों और लेखकों की कही हुई विशेष बातों को भी संजोकर लिखती हूँ।

सभी लिखित और प्रैक्टिकल परीक्षाएँ अनुसूची के अनुसार होती हैं। कुछ सप्ताह बाद परिणाम घोषित होते हैं। मैं नोटिस बोर्ड पर सभी को मिले हुए अंक पढ़ती हूँ। मुझे किसी तरह की कोई घबराहट नहीं है।

मैं देखती हूँ, मैं मुस्कुराती हूँ।

मेरा नाम और मेरे अंक, लिस्ट में सबसे ऊपर हैं।

अंतिम वर्ष

पाठ्यक्रम संरचना वृहद होती चली आयी है और मुझे, अब पढ़ाई के लिये, ज़्यादा समय देना है। मेरा शोध विषय है- *'ज़रदोज़ी कार्यशाला में बाल मजदूरों की स्थिति'*। ज़्यादातर शाम के समय, शोध संबंधित जानकारी इकट्ठा करने के लिए, मैं, ऐसी अनेक कार्यशालाओं का दौरा करती हूँ।

मेरी मार्गदर्शिका, डा॰ वाई॰एस॰ सुब्रहमण्यम की नज़र बहुत पारखी है। वह मुझे सिखाती हैं कि डेटा इकट्ठा करने के लिए कौन से प्रश्न, किस प्रकार पूछने चाहिए। ज़रदोज़ी कार्यशाला में किस वस्तु-विषय पर एवं बच्चों का किस तरह निरीक्षण करना चाहिये ये सभी बारीकियाँ भी मैं उन्हीं से सीखती हूँ।

सुरूचिपूर्ण ढंग से सूती कुर्ते पहने हुए डा॰ सुब्रहमण्यम के लैक्चर में, मुझे विशेष आनन्द आता है। वे समाज शास्त्र की विजेता है और अपने इस विषय को बाल विकास के साथ बखूबी जोड़ती हैं। प्रत्येक बच्चे पर उसके सामाजिक दायरे का जो प्रभाव होता है, उसी संदर्भ में बच्चे का आकलन करना मैं उनसे सीखती हूँ। यह सीख मुझे सिखाती है कि बिना सोच-विचार के किसी दूसरे के प्रति राय बना लेना, गलत है। मेरे अन्दर गैर-निष्पक्ष बनने का आदर्श, यहीं से जन्म लेता है।

'विशेष आवश्यकता वाले बच्चे'- यानि वे बच्चे जिन्हें देखने में, सुनने में, चलने में या समझने में तकलीफ है- इस संदर्भ

में पढ़ाया जाने वाला विषय विस्तृत होता जाता है। इस विषय को सुन्दर, सुरूचिपूर्ण, मृदुभाषी डा० नीरजा शर्मा पढ़ाती है। मैं उनके मार्ग दर्शन में विशेष बच्चों की आवश्यकताओं के प्रति अधिक सचेत हो जाती हूँ। यदि बच्चों की विशिष्टता को उनके बचपन में ही पहचान लिया जाये तो इस दिशा में काम कर, उनको परिपूर्ण करने का प्रयत्न किया जा सकता हैं। डा० नीरजा शर्मा मुझे ऐसे बच्चों को पहचानने के लिए सशक्त और सक्षम बनाती हैं। इन बच्चों के जीवन को, प्रारम्भ से समझना और उन्हें मुख्य धारा में सम्मिलित करने की राह की शुरूआत, यहीं से हो जाती है। कालेज से जुड़े, नर्सरी स्कूल में प्रविष्ट 'विशेष आवश्यकताओं वाले बच्चों', के साथ काम करने से, यह ज्ञान पक्का हो जाता है।

मन और काया

मैं ऐना की सुबह की कक्षाओं का बड़ी उत्सुकता से इंतजार करती हूँ। मैं सुनिश्चित करती हूँ कि सभी कक्षाओं में समय से उपस्थित रहूँ। मेरी माँ के कारण यह गुण मेरे व्यक्तित्व में कूट-कूट कर भरा है। वे खुद एक प्रोफेसर हैं और मेरठ शहर में एक पोस्ट ग्रेजुएट कॉलेज में संस्कृत पढ़ाती हैं।

ऐना की क्लास में, हम उनके दोनों तरफ, अर्ध गोलाकार व्यवस्था में बैठते हैं ताकि हम सभी सोलह छात्रायें एक दूसरे को देख सकें।

एक सर्दी की सुबह है और हम सब ऐना के आने की प्रतीक्षा कर रहे हैं। मैं अपने बगल में बैठी हुई सहेली के साथ सप्ताह के अन्त में मूवी देखने का कार्यक्रम बना रही हूँ। ऐना कभी भी विलंब से नहीं आती हैं। आज उन्हें देर हो गई है पर कुछ ही मिनट की। उन्हें बोलने में तकलीफ़ हो रही है। सर्दी हो गई है, नाक बंद है और आवाज़ भारी है। हममें से एक छात्रा उनकी इस तकलीफ़ का कारण पूछती है। वह कहती हैं कि पिछली शाम उन्होंने अपने माली से ऊँची आवाज़ में बात की और उससे जवाब-सवाल करते हुए उन्हें बहुत तेज गुस्सा आ गया। इस घटना ने उनके मन को अत्यंत विचलित कर दिया जिसका प्रभाव उनके शरीर के कण-कण पर पड़ा है और यही उनकी बेचैनी का कारण

है। वह हमें समझाती हैं कि कैसे सब कुछ दिमाग की उपज होती है जो शरीर पर प्रभाव डालती है।

मानस और देह परस्पर समाहित हैं। मैं भौंचक्की-सी उन्हें देखती ही रह जाती हूँ।

सह-पाठ्यक्रम

अंतिम वर्ष के इस गहन पाठ्यक्रम के साथ-साथ ड्रामा, नृत्य, खेलकूद, और संगीत का सह-पाठ्यक्रम नदी के दो पाटों की तरह चलता है।

ऐना कहती हैं कि जो काम हमें करना पसंद है उसके लिए समय निकल ही आता है। मैं हमेशा उनके निर्देशों का पालन करती हूँ। हमारे कॉलेज द्वारा 'दुर्गा देयोलकर' नामक नाटकों की एक श्रृंखला प्रस्तुत की जाती है जिसमें मैं भाग लेती हूँ। स्पोर्ट्स डे पर मार्चपास्ट का नेतृत्व करती हूँ। प्रगति मैदान में नुक्कड़ नाटकों में भाग लेती हूँ। किसी की वास्तविक अस्मिता क्या है, यह अब मुझे बखूबी समझ में आने लगा है। मेरी पहचान को बनाने में मेरे पाठ्यक्रम और सह-पाठ्यक्रम दोनों का ही बड़ा योगदान है।

PGS

DURGA DEULKAR MEMORIAL
ONE-ACT PLAY COMPETITION

विदाई समारोह दिसम्बर 1990

शादी करने का निर्णय मैं स्वयँ लेती हूँ। उसी महीने मुझे पता चलता है कि ऐना भी अपनी ज़िन्दगी के नये पहलुओं की खोज में चिन्नई जा रही हैं। मुझे ऐना के कॉलेज से त्याग-पत्र देने का अफ़सोस है परन्तु अपने विवाह के सम्बन्ध में, मैं इतनी उत्साहित हूँ कि यह बात मेरे दिल में अभी उतरी नहीं है।

अगले तीन महीने पंख लगाकर कहाँ निकल जाते हैं पता ही नहीं चलता। पाठ्यक्रम को समय-सीमा में समाप्त करने के साथ-साथ नए रिश्तों के ताने-बाने और इलाहाबाद जैसे सोये-हुये-से शहर में बसने के विचार कभी-कभी मुझे उद्विग्न कर देते हैं।

मुझे, जल्दी ही इस बात का भान होगा कि कॉलेज का यह सफर और खासकर ऐना का वहाँ होना, किस तरह मेरी आने वाली ज़िन्दगी, मेरे भविष्य, मान और प्रतिष्ठा को प्रभावित करने वाला है।

कॉलेज के बाद की मेरी जीवन यात्रा

लखनऊ

शादी के बाद मैं लखनऊ आ जाती हूँ। एक माध्यमिक स्कूल में आठवीं कक्षा को पढ़ाना शुरू करती हूँ। मुझे इस बात का अहसास होता है कि मुझे अधिक संतुष्टि का अनुभव तब होता था, जब मैं बाल विकास विभाग से संलग्न स्कूल में, छोटे बच्चों के साथ प्रैक्टिकल क्लास करती थी। मैं स्पष्ट रूप से आने वाले दिनों में अपने आपको एक प्री स्कूल की शिक्षिका के रूप में, छोटे बच्चों के साथ, समय व्यतीत करते हुए ही देखती हूँ।

1992 वर्ष का आगमन और मैं एक नन्ही परी की माँ बन जाती हूँ। जब मैं उसे गोद लेती हूँ, प्यार से थामती हूँ तो कहीं मेरे मन में छोटे बच्चों को बड़ा होते देखना, नई रचनात्मक बातें उन्हें सिखाना, इसकी गहरी इच्छा घर कर लेती है।

मेरी कल्पना की उड़ान मुझे कई सारे बच्चों के बीच में ले जाती है। बच्चे जो कहीं झूलों पर खेल रहे हैं, कहीं सिन्थेसाइज़र पर गीत गा रहे हैं, कहीं कहानियाँ सुन रहे हैं तो कहीं मुझे गले लगाने मेरी तरफ दौड़े चले आ रहे हैं और मेरी बेटी भी उन्हीं सबके साथ है। मेरी हार्दिक इच्छा है कि मैं अपना निजी प्री स्कूल शुरू कर सकूँ। मैं अपनी इस दिली तमन्ना का ज़िक्र, कुछ झिझकते हुए अपने पति से करती हूँ। मुझे लगता है वह यह बात हँसी में उड़ा देंगे। मैं गलत हूँ।

इलाहाबाद आ जाना

मैं एक साल बाद लखनऊ के स्कूल से त्यागपत्र दे देती हूँ। मेरे पति भी अपने काम से त्यागपत्र दे देते हैं और हम अपनी छोटी सी बेटी के साथ इलाहाबाद आ जाते है।

हमारे घर से जुड़ा हुआ एक प्लाट खाली है। मेरे पति को यह प्लाट स्कूल के लिए एकदम उपयुक्त लगता है। स्कूल की बिल्डिंग, फर्नीचर, लेखन- सामग्री, विज्ञापन और रखरखाव के लिए पूंजी चाहिए। हम दोनों के परिवार भी चिंतित है। मेरे पति ने वकालत के लिए एक स्थायी सरकारी नौकरी छोड़ी है। बड़ा जोखिम उठाया है और एक बड़ी चुनौती हमारे सामने खड़ी है। हमारे परिवार में दूर-दूर तक कोई वकील नहीं है। वकालत जमाने के लिए समय, पैसा और धैर्य, सबकी आवश्यता पड़ेगी।

निर्णय इतना बड़ा है कि बहुत सोच समझकर, आपस में बातचीत कर हम लोग स्कूल को सजीव रूप देने की ठान लेते हैं और उसका निर्माण कार्य शुरू करने का फैसला ले लेते हैं।

बस मेरे पति एक ही शर्त रखते है कि यह स्कूल अब पूर्णतः तुम्हारी ज़िम्मेदारी है और उसे सँभालना तुम्हारा काम है।

कानूनी पेशे में, खास कर जो नया शुरू किया हो, किस तरह का समय देना पड़ेगा यह मुझे समझ आने लगा है। स्कूल की बागडोर पूरी तरह मैं अपने हाथों मे ले लेती हूँ। शिक्षकों

की नियुक्ति से लेकर स्कूल मामलों का पूरा कार्यभार अब मेरी ज़िम्मेदारी है।

और अंततः ***लिटिल स्कॉलर्स*** स्कूल जन्म ले लेता है।

लिटिल स्कॉलर्स के शुरूआती वर्ष

मैं रोज़ सुबह ६ बजे उठती हूँ, तैयार होती हूँ और बिटिया को अपनी सास के पास छोड़ती हूँ। सही आठ बजे आफिस पहुँच जाती हूँ। मेरी उम्मीद से भरी आँखें गेट पर लगी रहती हैं। कोई प्रवेश लेने के लिए नहीं आता। दिन निकलते जाते हैं। मैं सोचने लगती हूँ क्या मेरी बिटिया इकलौती होगी जो *लिटिल स्कॉलर्स* में पढ़ेगी। पर ऐसा नहीं होता। जुलाई के आखिरी सप्ताह में चार बच्चे स्कूल में दाखिला लेते हैं। तीन और आते हैं। मैं एक स्टाफ की नियुक्ति करती हूँ जो मेरे कार्य में सहायता करें।

गिने-चुने बच्चे, सीमित पूँजी, एक बिटिया और पति जो एक नई राह पर निकल पड़ा है; मुझे लगता है कि बस तुरन्त सफलता मिल जाए। मैं अधीर हो उठती हूँ, शिकायत करती हूँ, रोती हूँ। किसी भी तरह से मैं इतने लाचार हालात में काम नहीं कर सकती। ऐसा लगता है कि सारी पढ़ाई बेकार गयी है। किसी मतलब की नहीं है।

एक सुबह मेरे पति मुझसे स्कूल के बगीचे में एक बीज बोने को कहते हैं। अगले ही दिन वह मुझसे पूछते है कि किस रंग के फूल खिले हैं।

"हे भगवान!, पागल हो गए हैं क्या?" मैं सोचती हूँ। एक दिन में आप कैसे सोच सकते हैं कि फूल खिल जाएँगे?" मैं पूछती हूँ।

ये शान्ति और गम्भीरता से कहते हैं, *"तुम भी तो सिर्फ तीन महीने में सफलता चाहती हो। जब हम एक बीज बोते हैं तो हमें उसे सींचना होता है, उसका ख्याल रखना होता है, पालन-पोषण करना होता है, तभी वह विकसित होता है और फूल निकलते हैं।"*

इस जवाब से मेरी आँखे एकदम से खुलती हैं। मुझे एहसास होता है कि मैंने वर्तमान का आनन्द लेना छोड़ दिया है और सारा समय भविष्य व आने वाली दिक्कतों के बारे में, सोचने में, व्यतीत कर रही हूँ। मैं नयी ऊर्जा से स्कूल के संचालन में लग जाती हूँ।

शहर की आवश्यकता और माँग के अनुसार अपनी कार्य शैली में बदलाव लाती हूँ। अच्छी शिक्षा देना केवल आधुनिक जटिल खिलौनों, बनी बनाई पहेलियों या, कम्प्यूटर स्क्रीन के माध्यम तक ही सीमित नहीं है। मैं अपने कॉलेज के दौरान बस्ती, शिशु गृह और सक्षम केन्द्र में बिताए गए समय को याद करती हूँ और अपने सहकर्मी को जानकारी प्रदान करती हूँ। मैं उसे बताती हूँ कि कोई फ़र्क नहीं पड़ता यदि बच्चा हाथी के चित्र में हरा रंग भर दे। मैं उसे कागज़ से ढेर सारी चीजें बनाना सिखाती हूँ। मैं उसे आम कविताओं के स्थान पर, बच्चों की दैनिक गतिविधियों से सम्बन्धित गीत सिखाती हूँ। मैं *लिटिल स्कॉलर्स* में यूनिफॉर्म शुरू करती हूँ ताकि जिन बच्चों के पास मँहगे कपड़े पहनने की सुविधा न हो, वे खुद को कमतर न समझे।

मैं एक स्कूल किट बनाती हूँ जिसमें सरल किताबें, कॉपियाँ, बस्ता, टिफिन और पानी की बोतल होती है।

मैं एक सैण्ड पिट भी स्कूल में बनवाती हूँ। बच्चे किस तरह रेत से अलग-अलग चीजें बनाते हैं यह देखने में बहुत आनन्द आता है मानो वे किसी स्वप्न लोक में हों। कभी पहाड़ बनाते हैं तो कभी कुआँ, मन्दिर, सूरज, चाँद, और तारे।

एक सुबह एक अभिभावक मुझसे पूछते हैं, *"क्या विद्यालय परिसर में कुछ निर्माण कार्य चल रहा है क्योंकि मेरा बच्चा अपने जूतों में टनों बालू भर कर लौटता है।"*

वह नाराज़ होते हैं और कहते हैं, *"बच्चों का यह गन्दगी भरा खेल बंद करिए।"* मैं मुस्कुराकर उनसे कहती हूँ कि ऐसा करना मेरे लिए संभव नहीं है क्योंकि मैं बच्चों को उनके सपनों की दुनिया से दूर नहीं ले जा सकती। बच्चों की रचनात्मक शक्ति इन्हीं खेलों से जागृत होती है। एक शिक्षक को उनकी रचनात्मकता को पनपने का पूरा अवसर देना चाहिए। वह अभिभावक अपने बच्चे का नाम स्कूल से कटवा देते हैं। अगले चार महीने में सात और बच्चे प्रवेश लेते हैं। इस प्रकार सत्र के अन्त में मेरे स्कूल में तेरह बच्चे हो जाते हैं।

अगले सत्र की शुरूआत बहुत अच्छी होती है। मैं एक और स्टाफ सदस्य व एक सहायिका की नियुक्ति करती हूँ। सहायिका बच्चों को टायलेट ले जाने में मदद करती है। अब एक दूसरी समस्या सामने आती है। एक विद्यार्थी की दादी, सहायिका को, उनके बच्चे के बस्ते, टिफिन बॉक्स, पानी की बोतल को हाथ लगाने से मना करती हैं क्योंकि सहायिका निम्न जाति वर्ग से है। मैं अचंभित रह जाती हूँ। आज़ादी के चालीस साल बाद भी छुआछूत की प्रथा प्रचलित

है। सामाजिक दृष्टिकोण और पुरानी मान्यताओं से वातावरण अभी भी प्रभावित है।

मैं सहायिका को निकालने से साफ़ इंकार कर देती हूँ। दादी अपने बच्चे को स्कूल से निकाल लेती हैं। उनकी देखा-देखी एक और माँ अपने बच्चे को स्कूल से निकाल लेती है। ऐसे आलोचनात्मक वातावरण में काम करने से मेरा मनोबल गिरता है। मेरे साथी और दोस्त मुझे संबल देते हैं और जो मुझे ठीक लगता है, वैसा ही करने की सलाह देते हैं।

यदि सहायक कर्मचारी और शिक्षकों की गरिमा को कायम नहीं रखा जाएगा तो हम यह कैसे अपेक्षा कर सकते है कि विद्यालय में आने वाले बच्चे, मानव की गरिमा को अहमियत देगें और उसका सम्मान करना सीखेंगे?

मेरा इस बात में दृढ़ विश्वास है कि बच्चों को पढ़ाने के साथ-साथ उनके चरित्र निर्माण पर ध्यान देना बहुत आवश्यक है जिससे वे आगे चल कर अच्छे नागरिक बन सकें। हम सब मिलकर निश्चय करते हैं कि हमारे स्कूल में बच्चों को सर्वांगीण विकास का अवसर मिले। हमारे विद्यालय में कठपुलियाँ बनाई जाती हैं और उनके कार्यक्रम को प्रस्तुत किया जाता है। फैन्सी ड्रेस का आयोजन होता है। गणतंत्र दिवस पर झण्डा फहराया जाता है। होली खेली जाती है व बच्चों के साथ प्रत्येक छोटा-बड़ा अवसर धूमधाम से मनाया जाता है जिससे वे उसका महत्व समझ सकें।

अपने कॉलेज के दिनों में बाल विकास विभाग में जो मैंने देखा और सीखा है उसी राह पर मैं अपने स्कूल को ले चलती हूँ।

क्या मैं ऐसा करने में सफल हुई हूँ? मुझे अक्सर ऐसा महसूस होता है कि ऐना की इसमें स्वीकृति है। यह प्रश्न जब भी मैं अपने से पूछती हूँ मुझे लगता है मानो ऐना मुझे आगे बढ़ने के लिए निरन्तर प्रेरित कर रही हैं।

लिटिस स्कॉलर्स का यह सफर

साल बीतते जाते हैं और स्कूल में नयी-नयी गतिविधियाँ जुड़ती चली जाती हैं। अभिभावकों के लिए सृजनात्मक कार्यशाला को बहुत सराहा जाता है। शनिवार को अनेक प्रकार की गतिविधियाँ करने का दिन होता है। बच्चे बागवानी करना, सलाद खाना, राखी बनाना और मुखौटों को सजाने जैसी ढेरों एक्टिविटी करते हैं। हम सभी त्यौहार मनाते हैं।

वार्षिक उत्सव में हर बच्चे को स्टेज पर जाने का मौका दिया जाता है। यह प्रयास उनका आत्म-विश्वास भी बढ़ाता है व उन्हें अपरिचित लोगों के सामने जाने की घबराहट से भी मुक्त करवाता है। धीरे-धीरे एक अलग कमरे का निर्माण किया जाता है जो बच्चों के लिए एक खेलकूद का स्थान है। वहाँ जाकर बच्चों के मन में जो आता है वे कर सकते हैं। वे अकेले खेलना चाहें या समूह में, यह उनकी इच्छा पर निर्भर होता है। वहाँ जाकर बच्चे पेंटिंग कर सकते हैं, पहेली सुलझा सकते है, सिर्फ चीता-पोती भी कर सकते हैं। उन्हें इस स्वच्छंद उड़ान को भरने की पूरी छूट है।

बच्चों को क्लास के तौर तरीके वाले माहौल में सबके साथ पढ़ाया जाता है। साथ ही साथ उनकी व्यक्तिगत खूबियों

पर ध्यान दिया जाता है। इन दोनों के ताल-मेल से उनमें सकारात्मक बदलाव देखे जा सकते हैं।

लिटिल स्कॉलर्स के बच्चे खुश, रचनात्मक होशियार और उत्सुकता से भरे होते हैं। *लिटिल स्कॉलर्स* से पढ़े हुये बच्चों को शहर के बड़े स्कूलों में आसानी से प्रवेश मिल जाता है।

मेरी इस क्षेत्र में की गयी विशेष पढ़ाई और गुणवत्ता की पहचान अब बनने लगी है। बाल विकास की पढ़ाई के फायदे मुझे प्रतिदिन बढ़ते दिखते हैं। जल्दी ही *लिटिल स्कॉलर्स* में प्रवेश पाने के लिए एक प्रतीक्षा सूची बनने लगती है।

मेरी माँ फूली नहीं समाती

मेरी माँ सामाजिक रूप से बहुत सक्रिय हैं। वह बहुत से क्लब और एसोसिएशन की सदस्या हैं। लोग जब उनसे मिलते हैं तब अक्सर प्रयागराज में मेरे अच्छे काम की सराहना करते हैं। वे उनसे मेरी शैक्षिक पृष्ठभूमि की जानकारी लेते हैं।

मैं उन्हें गर्व से, अपने बारे में, और लेडी इरविन कॉलेज में बिताए गए दिनों की चर्चा करते हुए देखती हूँ।

अन्ततः। माँ को मेरे ऊपर गर्व है!

यह बात मेरे मन को अच्छी लगती है।

ऐना मेरी ज़िन्दगी का अटूट हिस्सा हैं...

चाहे वह मेल का ज़रिया हो, या बाल विकास विभाग का माध्यम, हमारे मन के तार आपस में जुड़े हैं...

ऐना के कुछ अविस्मरणीय ई-मेल

दिनांक   -   19 मई, 2014

विषय   -   अतीत से आती हुई आवाज़?

प्रिय रूपा,

आज मेरे कंप्यूटर पर एक मैसेज आया कि मेरा इनबॉक्स भर गया है और जब मैं उसकी सफ़ाई कर रही थी तो तुम्हारी पाँच साल पुरानी चिट्ठी सामने आई। अब तुम्हारी पहली बेटी बड़ी हो गई होगी...एक सुन्दर सुलझे हुए रूप में। और दूसरी भी स्कूल खत्म कर कॉलेज में प्रवेश करने को होगी।

बीच में तुमसे कॉलेज में मुलाकात हुई पर ऐसा प्रतीत होता है कि बहुत दिन बीत गए हैं। तुम अपने, अपने पति, स्कूल और बच्चों के बारे में मुझे जल्द ही लिखना। मैं ठीक हूँ और बाकी सब बातें अगली मेल पर बताऊँगी जब तुम जवाब दोगी।

आनन्दलक्ष्मी

चिन्नई

दिल से सोचना और आर॰ के॰ नारायण

दिनांक: 20 दिसम्बर, 2014

विषय:- संपर्क में रहना

प्रिय रूपा,

तुम्हारी कुछ ईमेल तो मिल गईं पर तुम्हारा डाक सम्बन्धी पता नहीं मिल पा रहा है। मुझे याद है कि तुमने मुझे भेजा था पर लगता है इतनी मेलों में कहीं गुम हो गया है। मैं अब पूर्णतः जीमेल का उपयोग करती हूँ।

मैं यह बताने के लिए लिख रही हूँ कि मेरा संकलन निकला है और उसका शीर्षक है '*थिंकिंग विद द हार्ट*'। जैसे ही मुझे तुम्हारा पता मिल जाता है मैं समय निकाल कर पोस्ट आफिस जाकर तुम्हें इसकी प्रतिलिपि भेज दूंगी।

बहुत खुशी हुई यह जानकर कि तुम्हारी बेटियाँ इतना अच्छा कर रही हैं और तुम आर॰के॰नरायण पर अपनी पी०एच०डी० का कार्य कर रही हो।

सस्नेह

आनन्दलक्ष्मी

दिनांक: 18 अप्रैल, 2015

प्रिय रूपा,

बहुत बहुत बधाई। जल्द ही तुम्हें डॉक्टरेट की उपाधि मिल जायेगी।

तुम्हारे शोध निबन्ध में आभार का अंश पढ़ा। धन्यवाद, मुझे आभार देने के लिए। मैं इसका प्रारंभिक और अंतिम पृष्ठ अवश्य पढ़ना चाहूँगी। ई मेल पर भेजना।

सस्नेह

आनन्दलक्ष्मी

विविधता

लिटिस स्कालर्स की टीम 'विशेष' बच्चों को भी पढ़ाती है (ऐसे बच्चे जो स्वलीनता, मस्तिष्क पक्षाघात, अत्यधिक सक्रियता, डिस्लेक्सिया से ग्रसित हों या जिन्हें सुनने या देखने में तकलीफ़ हो) और उनमें सकारात्मक बदलाव धीरे-धीरे ही सही, पर अवश्य देखे जाते हैं।

लिटिल स्कॉलर्स में विभिन्न देशों के बच्चे भी पढ़े हैं नाईजीरिया, दक्षिण कोरिया, यूके, अमेरिका। वे चाहे विभिन्न संस्कृति से आए हों या भिन्न भाषा बोलते हों, हमें एक दूसरे को आपस में समझने में कोई बाधा नहीं आती है। क्योंकि हम *लिटिल स्कालर्स* में बच्चों के साथ प्यार की भाषा में बात करते हैं और यह भाषा असीम है।

मैं यहाँ पर एक पत्र साझा करना चाहती हूँ जो हबीबा के माता-पिता ने हमें लिखा जब वह नाईजीरिया लौटकर गईं।

<u>प्रशंसा पत्र</u>

दिनांक: 19/08/2016

प्यारी माँ,

यह प्रशंसा पत्र हम हबीबा के माता-पिता बहुत कृतज्ञ दिल से धन्यवाद देते हुए लिख रहे हैं। हमारे पास अपने भावों

को व्यक्त करने के लिए शब्द नहीं हैं। परेशानी के समय में आपने जो हमें सहयोग दिया और हमारी सहायता की, उसके लिए हम बहुत आभारी है। बहुत धन्यवाद आपके इस प्यार और संवेदनशील व्यवहार के लिए।

भगवान न सिर्फ़ आपको पर आपकी आने वाली पीढ़ियों को आपके इस जज़्बे का फल देता रहेगा। धन्यवाद।

इस अवसर पर हम आपको धन्यवाद देना चाहते हैं जिस तरह से आपने हबीबा का ख्याल रखा और उसे एक मजबूत नींव प्रदान की। आपके संरक्षण में उसकी अच्छी देखभाल तथा अच्छे बर्ताव करने के लिए हम आपकी बहुत सराहना करते हैं। हम प्रार्थना करते हैं कि भगवान आपको इस अच्छाई का मीठा फल दे और आपका स्कूल दिनों-दिन तरक्की करे। आपने वाकई हबीबा के पथ प्रदर्शक के रूप में नाईजीरिया में अपनी एक जगह बनाई है और उसके अतीत की कोई बात आपके नाम को लिए बगैर अधूरी है।

कृपया हमारा धन्यवाद और सराहना अपनी टीम तक जरूर पहुँचायें। हम उनके सभी कार्यों के लिए बहुत आभारी हैं।

अन्त में यही कहना चाहते हैं कि अब आपका एक परिवार नाइजीरिया में भी है। अगर आपको भविष्य में यहाँ पर किसी भी प्रकार की कोई सहायता चाहिए तो बेझिझक हमें बताइए। हम हमेशा आपकी सहायता के लिए तैयार हैं।

आपके अपने,

श्री आबुबकर और श्रीमती अमीना

मेरे दोस्त-कॉलेज की यादगार देन

- पारूल काला

  हम दोनों कॉलेज से ही दोस्त हैं। हृदय में दोस्ती का कोना एक दूसरे के लिए पूर्णतः भर देते हैं। इस उतार-चढ़ाव की ज़िन्दगी में हम दोनों एक दूसरे के बल पर ठोस कदम रखे खड़े रहे हैं।

- इनसे समय-समय पर मेरी बात-चीत होती रहती है।

  मंजू फुलका, लिपिका, गीता, अनुपमा गोयल।

- रचना अग्रवाल-हमें छोड़कर चली गई। ऊपर स्वर्ग में भी वह सभी को अपने गाने से मंत्रमुग्ध कर लेती होगी। सुनील गावस्कर की बहुत बड़ी फ़ैन थी।

- मेरी सुखद यादें है इनके साथ-

  अंकुर गोयल, मनीषा मित्तल, गुरप्रीत कौर, वैशाली सिंह, दीपाली गहलौत, राधा, मिनी, अंजना महाजन, निधि काला, आरती सारदा और राशी।

- मैं कुछ नाम भूल भी रही हूँ।

  जिसके लिए कोई बहाना नहीं है। यहाँ सिगमण्ड फ़्रायड़ का मनोविश्लेषण मेरी सहायता करेगा यानि मैं भूली नहीं हूँ... उनके नाम और स्मृतियाँ मेरे गहन मस्तिष्क में कहीं दबी हुई हैं।

हाथ मिलाना

एक अध्यापिका और मनोवैज्ञानिक होने के नाते मुझे बहुत लोगों से मिलना होता है और सभी से हाथ मिलाने होते हैं। चाहे वे शहर के क्लबों द्वारा आयोजित सम्मान समारोह हो या माता-पिता और दादा-दादी को सम्बोधित करते समय ओरिएन्टेशन कार्यक्रम हो, बहुत सारी गोष्ठियों में अध्यक्षता करने का मौका हो या एक्सचेंज प्रोग्राम के लिए अमेरिका जाने का अवसर हो, हाथ मिलाकर ग्रीट करने का कार्य अक्सर ही होता है।

मेरे हाथ की पकड़ मेरा आत्मविश्वास दर्शाती है। साथ ही साथ एहसास दिलाती है ऐना मैम की दी सभी सीखों की, जिनके कारण यह सम्भव हो पाया है।

नाम याद रखना

नाम याद रखने की कला को मैंने ऐना से सीखा है। मुझे याद है कि कितना खास महसूस होता था जब ऐना मुझे मेरे नाम से सम्बोधित करती थीं। अपने सालों के करियर में मुझे इस बात का अनुभव हुआ है कि लोगों के नाम याद रखने पर आप उनसे यकायक ही जुड़ जाते हैं। व्यक्ति विशेष का नाम याद आते ही उसका खाका मेरे मस्तिष्क पटल पर खिंच जाता है और उसकी विशेषता अनुरूप कार्य करने, उसकी समस्या का समाधान निकालने का प्रयास मैं कर लेती हूँ।

लिटिल स्कॉलर्स की टीम रोज सुबह बच्चों को उनके नाम से ही सम्बोधित करती है।

मैं नामों को याद रखने के लिए अपने ही नये हथकण्डे अपनाती हूँ। तरह तरह के चेहरों को नाम से जोड़ देती हूँ। ऐना की मुस्कुराती हुई छवि द्वारा मुझे सहमति मिल जाती है।

ई-मेल का आदान-प्रदान

लिटिल स्कॉलर्स के 25 वर्ष व 25 सूत्र

दिनांक: 07 मार्च 2017

विषय: लिटिल स्कॉलर्स के 25 वर्ष।

प्रिय मैम,

नमस्ते

मैंने कुछ लिखा है। आपसे साझा करने का जी चाहा।

प्यार और आदर के साथ।

रूपा

यह पच्चीस का अंक कुछ अजीब ही है। इसका प्रभाव मैंने अपनी माँ के चेहरे के हाव-भाव पर होता देखा है। बचपन में अगर 100 में से 25 नम्बर आ जाते तो माँ का गुस्सा भरा चेहरा, अगर 50 में से 25 नम्बर आएँ तो उनके चेहरे पर असंतोष और यदि कभी कभार व्याकरण में 25 में से 25 आए तो उनका खुशी से भरा चेहरा देखने को मिलता था। अपने भोलेपन में मैं सोचती ही रह जाती थी इस बेचारे 25 नम्बर के साथ अलग-अलग ढंग से क्यों बर्ताव होता है।

जब बड़ी हुई तो लोगों को कहते सुना *25 की हो गई और अभी करियर निश्चित नहीं है* या फिर *अरे 25 की हो और*

माँ बन गई या ये भी कि एक चौथाई ज़िन्दगी निकल गई है और अभी तुमको आगे भी पढ़ना है? हालाँकि 25 नम्बर अपनी आयु में तो कई साल पहले ही पार कर चुकी हूँ परन्तु आज पुनः यह 25 नम्बर मेरे सामने खड़ा है। मेरे सबसे पसंदीदा कार्यक्षेत्र में, मेरे स्कूल *लिटिल स्कॉलर्स* के 25 वर्ष पूरे हो गये हैं। बाल विकास क्षेत्र में मास्टर की डिग्री को पूरा करने के पश्चात् मैंने *लिटिल स्कॉलर्स* की शुरूआत इलाहाबाद में सन् 1992 में की और इन 25 वर्षों की सुखद यात्रा का विवरण लिखने के लिए मुझे 25 सूत्रों का ही तरीका सबसे अच्छा लगा। तो इस प्रकार है यह विवरण:

1. यदि हमारे पढ़ाई के क्षेत्र में बुद्धि और ज्ञान का समन्वय हो तो कोई हमारी बराबरी नहीं कर सकता। इन दोनों के लिए मैं अपने कॉलेज के प्रोफेसरों को धन्यवाद देती हूँ जिन्होंने बाल विकास में मेरी एक मजबूत नींव बनाई।

2. कोई भी पौधा एक दिन में फूल नहीं देने लगता। धैर्य और दृढ़ता के मूल्यों से कभी समझौता नहीं किया जा सकता। मुझे स्कूल और इसकी टीम को साथ लेकर चलने में इतने साल लगे हैं।

3. अत्याधिक चिंता और तनाव के समय, प्रार्थना की ताकत ने मुझे बनाए रखा है। मैं भगवान को अपने कार्यक्षेत्र में प्रसन्नता के लिए हमेशा धन्यवाद देती हूँ। बच्चों को, स्कूल में और सड़कों पर सुरक्षित रखने के लिए भी मैं ईश्वर की शुक्रगुज़ार हूँ।

4. मनोरंजक गतिविधियाँ, स्कूल पाठ्यक्रम का एक अभिन्न अंग होती हैं। शनिवार की गतिविधियाँ, विभिन्न त्यौहारों को मनाना, नाचना, गाना, बच्चों

को यह सिखलाता है कि हँसते खेलते हम कितनी नयी बातें जान लेते हैं।

5. शनिवार को आयोजित की गयी दौड़ में बच्चों को खुले मैदान में दौड़ने भागने का मज़ा तो मिलता ही है, साथ ही वे ये भी सीखते हैं कि अपनी गति के अनुसार चलने में कोई परेशानी नहीं है। हर कोई अपने गंतव्य पर पहुँचता ही है। क्या फ़र्क पड़ता है थोड़ी देर से ही सही। हम अध्यापिकाओं के लिए आप हमेशा नं० एक पर ही रहेंगे।

6. अभिभावकों के लिए हर वर्ष वार्षिक उत्सव का आयोजन किया जाता है। सभी बच्चों को स्टेज पर जाने का अवसर मिलता है। इससे उनका आत्मविश्वास बढ़ता है और अजनबी चेहरों के बीच, बच्चे सहज होना सीख लेते हैं।

7. माता-पिता के साथ क्राफ्ट, सैण्डविच बनाना, कहानियाँ सुनना इत्यादि गतिविधियों को करने से लिंग भेद खत्म होता है। साथ ही माता-पिता को अपने बच्चे के सहपाठियों को जानने का मौका मिलता है।

8. स्वच्छता कार्यशालाओं का आयोजन नियमित रूप से होता है ताकि बच्चे स्वच्छ रहना सीखें, रूमाल का प्रयोग जानें तथा जूँ की समस्या न हो। बच्चे टिफ़िन खाने से पहले अपने हाथ धोते हैं, ताकि किसी भी तरह की गन्दगी ना रहे।

9. खास दिनों पर मैजिक शो का आयोजन किया जाता है जो कि बच्चों को स्वप्न देखने और 'यह जो हमारी जिन्दगी है, एक जादू ही तो है', इस बात में उनका विश्वास भरते हैं।

10. सब्ज़ी बेचने वालों को उनके ठेलों के साथ स्कूल में बुलाया जाता है ताकि बच्चे विभिन्न व्यवसाय और कार्य करने वालों का सम्मान करना सीखें और साथ ही साथ बच्चे मौसमी सब्जियों के नाम भी सीखते हैं।

11. सी०सी०टी०वी० कैमरा, कक्षाओं में और मुख्य प्रवेश द्वार पर लगे हुए हैं। इससे बच्चों की सुरक्षा सुनिश्चित की जा सकती है। साथ ही साथ शिक्षिकाएँ व कर्मचारी एक दूसरे के सम्पर्क में रहते हैं।

12. हर पन्द्रह दिन पर माता-पिता के साथ एक काउंसलिंग सेशन किया जाता है जिसमें उनके बच्चों के विकास का मापदण्ड, हम उनके साथ साझा करते है। इसके जरिए माता-पिता को बाल विकास के क्षेत्र में नये-नये शोध के बारे में भी जानकारी मिलती है।

13. विविधता के लिए सम्मान, बच्चों के मन में शुरू से ही बैठाया जाता है व बच्चों को सभी धर्मों के बारे में जानकारी दी जाती है। हम सभी त्यौहार जैसे होली, दीवाली, ईद, जन्माष्टमी, क्रिसमस इत्यादि को बड़े उत्साह से मनाते हैं।

14. साथ ही साथ अलग रूप से सक्षम बच्चों को स्कूल में प्रवेश दिया जाता है ताकि हताश माता-पिता को अपने बच्चों के लिए एक नयी दिशा दिखे और बच्चे भी समाज की मुख्यधारा का हिस्सा बन सकें।

15. अनुरूपता के बदले रचनात्मकता पर ज्यादा ज़ोर दिया जाता है। उदाहरण के तौर पर बच्चे हाथी के चित्र को चाहे पीले रंग में रंगे चाहे सेब को नीले

रंग में, उन्होंने कुछ सोचकर ही इस तरह के रंग भरे है। इस सबसे बच्चों को अलग ढंग से सोचने का प्रोत्साहन मिलता है।

16. प्यार और मुस्कुराहट - बच्चे सुबह स्कूल गेट में प्रवेश करें या जब वे घर वापस जा रहे हों, उनसे बात करते समय सभी शिक्षिकाओं के चेहरे पर सुखद भाव होता है। सब शिकन चेहरे से छूमन्तर रहती है।

17. हम बच्चों को सभी सहायकों का आदर करना सिखाते हैं। बच्चे, सभी सहायकों को, दीदी कहकर बुलाते हैं और जब वे बच्चों की मदद बाथरूम जाने और जूतों के फ़ीते बाँधने में करती हैं, तो बच्चे उन्हें धन्यवाद देना नहीं भूलते।

18. मिट्टी को आकार देना - कुम्हार अपने चक्के के साथ हर दीवाली स्कूल में आता है। वह जो दीए बनाता है बच्चों को दीवाली के उपहार के रूप में दिए जाते हैं। इससे हस्तशिल्प को बढ़ावा मिलता है।

19. स्कूल, विज्ञापन और दिखावे में, बिल्कुल विश्वास नहीं करता है। इसीलिए हमारे स्कूल में तरण ताल नहीं है। हमें लगता है कि इसकी वजह से संक्रमण और चोट लग सकती है। इसी तरह हमारे स्कूल में पिकनिक का चलन नहीं है। कुछ बच्चों को अण्डे या अन्य प्रकार के तेलों से एलर्जी होती है। इसीलिए हम टिफिन में घर का बना रवाना देने पर ही जोर देते हैं।

20. जन्मदिन पर बड़ी पार्टी देने की सख्त मनाही है। फैन्सी केक और मँहगे तोहफे लाने की स्कूल में

अनुमति नहीं है। जन्मदिन बहुत ही सादे तरीके से मनाये जाते हैं। बच्चे टाफी बाँटते है, गीत गाते हैं तथा जिसका जन्मदिन है उसके लिए ताली बजाते हैं और उसे विशेष महसूस कराते हैं।

21. माता-पिता को स्कूल स्टाफ़ से बातचीत करने की पूरी आज़ादी है। वे कभी भी डायरी में अपनी बात कह सकते हैं या फोन कर सकते हैं। हम उनकी सभी समस्याओं का हल निकालने की कोशिश करते हैं।

22. साल में दो बार शिक्षिकाएँ विद्यार्थियों का ग्रॉस मोटर स्किल, (बड़ी क्रियाएँ जो शिशु अपनी बड़ी शारीरिक, माँसपेशियों से करता है) फाइन मोटर स्किल, (छोटी-छोटी क्रियाएँ जो शिशु अपनी छोटी माँसपेशियों के द्वारा करता है), ज्ञान संबन्धी, भावनात्मक, स्वयं की सहायता, भाषा और सामाजिक विकास के आधार पर परखती हैं। अगर कोई कमजोर क्षेत्र होते हैं तो उस पर प्रारम्भिक चरण में ही ध्यान दिया जाता है और ज़्यादातर दिक्कतों का समाधान निकल आता है।

23. सभी शिशु एक यूनीफार्म पहनते हैं। इससे समानता को बढ़ावा मिलता है और माता-पिता को भी अपने बच्चों के लिए मँहगे, नये कपड़े नहीं खरीदने पड़ते हैं।

24. बच्चों को शारीरिक रूप से स्वस्थ रखने के लिए उन्हें क्लास के बाहर झूलों पर, स्लाइड पर और गाड़ियों पर खेलने के लिए प्रोत्साहित किया जाता है। इससे उन्हें विटामिन डी भी प्रचुर मात्रा में मिलता है।

25. हरा भरा वातावरण - स्कूल में बहुत सारे पेड़ पौधे और फूल हैं। बारिश के मौसम में बच्चे गमलों में एक पौधा लगाते है और उसे अपने घर ले जाते हैं। जब उस पौधे से फूल निकलता है तो यह जादुई क्रिया उनके लिए अविस्मरणीय होती है। यह गतिविधि बच्चों की बहुत पसंदीदा भी है।

इस सत्र 2016-2017 में स्कूल के 25 वर्ष खत्म हो रहे हैं।

यह अगले 25 वर्षों को नयी शुरूआत है।

सब मानते हैं कि मैं लिटिल स्कॉलर्स की प्रमुख हूँ व यह मेरी रग-रग में बसता है। इसकी सफलता के पीछे यदि मेरा दिमाग है तो मेरा दिल भी इसको पूर्णतः समर्पित है।

ऐना का जवाब

दिनांक: 07 मार्च, 2017

बहुत ही सुन्दर 25 सिद्धान्त!

रूपा तुम्हें बहुत-बहुत बधाई। सैकड़ों बच्चों को इतनी प्रसन्नता और शिक्षा के लिए एक सुखद माहौल प्रदान करने के लिए।

तुम्हारी मातृ संस्था को तुम्हारी सभी उपलब्धियों पर बहुत गर्व है।

आनन्दलक्ष्मी

नये वर्ष की दहलीज़ पर ऐना का संदेश

दिनांक: 30 दिसम्बर 2017

विषय: ग्रीटिंग

हैलो,

समय बचाकर एक सामूहिक संदेश भेज रहीं हूँ।

आज जब वर्ष 2017 समाप्त हो रहा है और 2018 दस्तक दे रहा है तो मेरा यह संदेश है।

हे संसार! मैं तैयार हूँ तुम्हारे लिए और इस ज़िन्दगी को भरपूर जीने के लिए।

मेरे प्रिय दोस्तों-आप सब ने मेरी जिन्दगी को अथाह रूप से सम्पन्न बनाया है आप सब के बिना मैं कहीं खो सी जाऊँगी।

मेरा निकट परिवार-आपने मेरा हमेशा साथ दिया और आप में मुझे एक अच्छा दोस्त सदैव मिला है।

मेरे पढ़ाए हुए सभी विद्यार्थी-आपकी निष्ठा और उत्साह ने मुझे दशकों तक स्फूर्ति दी है और आपके कारण ही मेरी पहचान बनी है।

मेरे पड़ोसी, खुशनुमा परिचित लोग, फूल वाले, टैक्सी ड्राइवर, हजारों लोग जिनसे मेरा इस सफर में मिलना हुआ है।

दलाई लामा जो एक प्रेरणा है और हमेशा मेरे साथ हैं।

आप सभी को नये वर्ष की बहुत शुभकामनाएँ।

आनन्द

(ऐना, आनन्द, मैम, आनन्दलक्ष्मी)

'हिचकी' ऐना की याद दिलाती है।

दिनांक: 27 मार्च, 2018

विषय: आपको याद करती हूँ। आप मेरे दिल में हमेशा हैं।

प्रिय मैम,

सुप्रभात

कल मैं बॉलीवुड पिक्चर 'हिचकी' देखने गई। इस फिल्म की कहानी इसके मुख्य पात्र के इर्द गिर्द घूमती है जो हर रोज *ट्रेट्स सिन्ड्रोम* के कारण जूझ रही है। यह कहानी उसके इस सफर और भावनात्मक उतार-चढ़ाव के विषय को दर्शाती है। इस किरदार को पढ़ाना बहुत पसंद है और बड़ी मुश्किल से उसे नौंवी कक्षा को पढ़ाने का अवसर मिलता है जिसमें 14 वंचित वर्ग के विद्यार्थी हैं। यह अध्यापिका किस तरह से प्रत्येक विद्यार्थी को खुद पर विश्वास करने का मौका देती है, उनका मनोबल बढ़ाती है, उनके सपनों की उड़ान को पंख लगा देती है जिससे अनेक बाधाओं के बावजूद वे अपने सपनों को साकार कर पाएँ।

इस विषय को निर्देशक ने बहुत खूबसूरती से दर्शाया है।

पूरी फिल्म के दौरान मुझे आप की याद आती रही। आपने अपनी सभी छात्राओं को उड़ान भरने के लिए पंख दिए और हमारा मार्गदर्शन किया। आपके इस स्वच्छंद दृष्टिकोण ने हम सबको सफलता का मार्ग दिखाया।

आपका बहुत-बहुत धन्यवाद। मुझे इस ऋण को चुकाने के लिए कई जन्म लेने पड़ेगे तब भी शायद उऋण न हो सकूँ।

हम सब अच्छी तरह हैं। जज साहब, मेहनत से अपना कार्य कर रहे हैं ताकि जनता का विश्वास इस न्याय के संस्थान पर हमेशा बना रहे।

मेरा स्कूल मेरी ज़िन्दगी है। इस अप्रैल में हम अपने 27वें वर्ष की शुरूआत करेंगे। हम सबको आपके आशीर्वाद की आवश्यकता है।

अक्सर मेरी बात मंजू फुलका और पारूल काला से हो जाती है।

बहुत प्यार और आदर

रूपा

ऐना का जवाब

दिनांक: 27 मार्च, 2018

हिचकी के बारे में बताने के लिए धन्यवाद। तुम्हारा मुझमें जो अटूट विश्वास, निष्ठा और स्नेह है उसके लिए धन्यवाद।

आनन्दलक्ष्मी

अंतिम ई-मेल

दिनांक: 28 अक्टूबर, 2018

प्रिय रूपा,

तुम्हारा वार्षिक उत्सव का विषय बड़ा ही रोचक है।

यहाँ पर उत्तर पूर्वी मानसून का इंतज़ार हो रहा है।

बीते दिनों मुझे फेफड़ों और हृदय सम्बन्धी कई दिक्कते हुई। पर अब मुझे आईसीयू से बाहर आए हुए छः महीने हो चुके हैं और मैं धीरे-धीरे स्वस्थ हो रही हूँ। दिल्ली से कुछ दोस्त कभी कभी मिलने आते हैं। मैं कोशिश करके घर के बाहर अब कोई कार्य की ज़िम्मेदारी नहीं लेती।

सम्पर्क में रहने के लिए धन्यवाद

आनन्दलक्ष्मी।

जिन्दगी की घड़ी की सुंई घूम कर वहीं पहुँच जाती है

ऐना ने मेरी ज़िन्दगी में व्यापक प्रभाव डाला और मैं वही प्रभाव दूसरों के जीवन पर डाल पायी। एक ब्लॉग साझा कर रही हूँ। आभारी हूँ तुम्हारी, सुशन कोनार, मुझे अपने दिल व कलम में जगह देने के लिये। सुशन कोनार की बिटिया रानी, उशसी राय चौधरी, को मैंने *लिटिल स्कॉलर्स* में उस वक्त पढ़ाया था, जब वह तीन साल की नन्हीं बच्ची थी। आज वह एक किशोरी है।

ब्लॉग इस प्रकार है:

दिनांक: 09/2020

मेरी मित्र रूपा मैम,

सभी सैद्धान्तिक वैज्ञानिक चाहे कहीं के भी हों, बहुत अभिमानी होते हैं। वे अपने आगे किसी को कुछ नहीं समझते और उनकी यह आदत होती है कि अपने साथ वालों को बड़ा बेचारा समझते है। इस बात की उन्हें बड़ी खुशी होती है कि अपने वैज्ञानिक कार्य में उन्हें अपने हाथ नहीं गंदे करने होते हैं। परिणामवश हमारा परिवार इसी तरह की भ्रममयी, आनन्दभरी जिन्दगी जी रहा था जब तक कि उसमें एक रोते चिल्लाते-फैलते-मुसीबत से भरे बच्चे का पर्दापण नहीं हुआ।

यह बच्चा कभी भी चिंघाड़-चिंघाड़ कर रो सकता था और इसने हमारे सभी सिद्धांतों को जैसे हवा में उड़ा दिया था।

अचानक हमको लालन-पालन में प्रैक्टिकल, बुनियादी जानकारी की ज़रूरत पड़ी जिसकी हमें कोई ट्रेनिंग नहीं मिली थी। गणित के समीकरण करते-करते जो बुद्धिमान होने का तमगा मिला, सब बेकार था। पूरे मानवीय इतिहास में बच्चे के पालन-पोषण की कला जो कि पुराने जमाने में एक सामुदायिक कार्य था, इस आधुनिक युग में अकेले माता-पिता का कार्य बन गया है। और इस कार्य में पहले जो प्रसन्नता मिलती थी, उसकी जगह अब तनाव ने ले ली है।

इस आधुनिक युग में उच्च मध्यमवर्गी, महत्वाकांक्षी युगल अपने परिवारों से दूर रह कर काम कर रहें हैं। यहाँ पर परिवार का ढाँचा नहीं है इसलिये एक बच्चे को पालना बड़ा चुनौतीपूर्ण काम बन जाता है। इसके अलावा आजकल की पीढ़ी के अधिकतर माता-पिता को यह सब काम आता भी नहीं है। पहले ज़माने में तो खेल-खेल में कभी छोटे भाई-बहनों को पकड़कर, कभी चाचा-चाची बन कर सहजता से ही यह कला आ जाती थी। बड़े लोगों के साथ मिलकर बच्चे की ज़िम्मेदारी निभाना बड़ा ही मामूली सा काम होता था। आजकल की पीढ़ी के माँ बापू जो कि हम हैं और हम से भी छोटे, इस काम से बिल्कुल अनभिज्ञ व अंजान होते है।

बच्चे की परवरिश में बहुत युक्ति और धैर्य की आवश्यकता होती है और मेरी राय में यह कभी न खत्म होने वाला बड़ा मुश्किल काम है।

यह बात स्पष्ट है कि शुरू के बुनियादी वर्षों में बच्चे अपने माता-पिता से सभी बातें सीखते हैं और उनकी बौद्धिक क्षमता, सामाजिक प्रवीणता व आचरण पर माता-पिता का प्रभाव पड़ता है।

बड़े आश्चर्य की बात यह है कि सभी माता-पिता को पता है कि बच्चे की परवरिश करना दुनिया का सबसे जटिल कार्य है फिर भी पता नहीं ऐसा क्यों माना जाता है कि यह कला माता-पिता को स्वाभाविक तौर से स्वतः ही आती होगी। केम्ब्रिज में कुछ भीगे, ठण्डे, नाखुशगवार साल बिताने के बाद हम अपनी छोटी सी बेटी को लेकर इलाहाबाद आये और तब भी इस परवरिश के समीकरण के बारे में हमें कुछ नहीं पता था।

तभी हमारी एक मित्र ने बच्चों के लालन-पालन पर एक चर्चा का आयोजन किया। इस चर्चा का उद्देश्य हम जैसे बहुत से लोगों की सहायता करना था जिनके पास हमारी बेटी जैसे सक्रिय बच्चे थे। शहर की कोई संभ्रांत महिला जो एक बच्चों का स्कूल चलाती हैं, इस गोष्ठी का संचालन कर रही थीं। हम लोग अपनी मित्र के कहने पर गये जरूर और शायद इसलिए भी कि बाकी और लोग भी जा रहे थे परन्तु मन में संशय अभी भी बना था कि क्या कोई ऐसी चर्चा लाभदायक हो सकती है और मुझे पूरा यकीन था कि यह चर्चा इस स्कूल के प्रचार के लिए ही आयोजित की गई है। पर जब मैं इस चर्चा में शामिल हुई तो कुछ ही मिनट बाद मैं अचम्भित थी कि यहाँ पर कोई है, जिसकी बच्चों के लालन-पालन को लेकर इतनी सुलझी हुई सोच है। यह मेरी पहली मुलाकात थी मिस रूपा शंकर से। वे इस स्कूल की प्राध्यापिका और यह

कहना अतिश्योक्ति नहीं होगी कि इस स्कूल का सर्वस्व हैं। यह स्कूल पुराने इलाहाबाद की पतली गलियों में एक कोने में छिपा हुआ है और बाहर से आपको अंदाज भी नहीं लग सकता कि यह कितनी असाधारण जगह है।

कुछ महीने बाद हमारी बेबी शैक्षिक काल में पहला कदम रखने के लिए तैयार थी। उसने *लिटिल स्कॉलर्स* में प्रवेश लिया और वह रूपा मैम के अन्य बेबीस की तरह उनकी बेबी बन गयी। रूपा की कुछ ऐसी कार्यशैली है कि सिर्फ आपका बच्चा ही प्रवेश नहीं लेता है, साथ में आप भी उनके विस्तृत परिवार का एक हिस्सा बन जाते हैं। उनका इस बात में पूर्ण विश्वास है कि बच्चे का लालन-पालन, सभी वे लोग जो बच्चे के विकास में सहायक है, उनका सामूहिक प्रयास है। उन्होंने जो हमसे पहला अनुरोध किया उससे हमारी आँखे खुली की खुली रह गई। हमसे कहा गया कि चाहे हमारे बच्चे कितने भी छोटे हो हम उनके साथ कारण बता कर और उनकी बात समझ कर बात करें। उदाहरण के तौर पर अगर वो स्कूल नहीं आना चाहते (क्योंकि इतने छोटे बच्चे पहली बार अपने घर के परिचित माहौल से बाहर निकल रहे होते हैं) तो उन्हें कभी बहाने बना कर- जैसे मूवी के लिए जा रहे हैं या पार्क जा रहे हैं या आइसक्रीम खाने जा रहे हैं, स्कूल में न छोड़े। उन्होंने हमसे यह भी अनुरोध किया कि हम अभिभावक, अपने बच्चों के साथ बैठकर, गृहकार्य (होमवर्क) करें।

मुझे अभी भी याद है कि मेरी बेबी का पहला होमवर्क था गोले बनाना। उसकी बिखरी हुयी आकृतियाँ दूर-दूर तक गोले जैसी नहीं थीं। उसके साथ बैठकर उस दिन मुझे एहसास हुआ कि यह होमवर्क बच्चों को एक सुरक्षा-चक्र का एहसास

दिलाने के लिए है जिसमें वे अपनापन महसूस करें और यह एहसास इतना रोमांचक था कि मैं बयाँ नहीं कर सकती। इस पूरे क्रम में मैंने प्यारी सी बिल्ली, उल्लू, खरगोश सब बनाने सीख लिए।

बहुत बार हम लोगों को अपनी बेटी की कक्षा में स्वेच्छा से कोई एक्टिविटी करने के लिए भी कहा जाता था। खगोलशास्त्री पिता तो अपना सिर ही खुजाते हुए रह जाते थे और उन्होंने इस कार्यशाला में बच्चों को सौर-प्रणाली (सोलर-सिस्टम) का चित्र दिखाया था। मुझे नहीं पता कि इतने छोटे बच्चों को क्या समझ आता होगा। पर हमें, सब बच्चों के बीच, हमारी बेटी कैसे अपनी एक जगह बना रही है और इस दुनिया के लिए धीरे-धीरे पनप रही है, देखने का मौका मिला था। वर्ष के अन्त में जब प्रमाण पत्र मिलते थे तो बच्चे के माता या पिता को उनके साथ स्टेज पर जाना होता था और कक्षा के ग्रुप फोटो में भी सब रहते थे। अब जब सोचती हूँ तो यह स्पष्ट दिखता है कि कैसे रूपा हम सब को धीरे-धीरे एक ज़िम्मेदार माता-पिता होने की ओर अग्रसर करा रही थी। साथ ही साथ वे हमें हर समय बोध कराती थीं कि बच्चे स्कूल से ज़्यादा घर पर समय बिताते हैं।

एक नयी माँ के रूप में, मैं घबराई हुई थी (पता नहीं कि वो घबराहट अभी भी खत्म हुई है कि नहीं) बल्कि शायद हताश थी कि अपनी ज़िन्दगी को पहले की तरह व्यवस्थित नहीं कर पा रही हूँ। फिर मैंने रूपा के स्कूल के बाहर एक पोस्टर लगा देखा। जिस पर लिखा था कि *मदर इज़ ए डूइंग वर्ड* यानि माँ एक संज्ञात्मक शब्द है परन्तु सही मायने में यह एक क्रिया है क्योंकि माँ का कार्य कभी समाप्त नहीं होता।

वाकई एक माँ के पास कभी न खत्म होने वाले कामों की लिस्ट होती है जिसमें अगर राहत के कुछ पल मिल जाए तो बहुत हैं और यह देख कर अच्छा लगा कि हमारे बच्चे माँ के इन सभी कार्यों की कद्र करना सीख रहे हैं। फिर मुझे पता चला कि मैं अपनी सभी समस्याओं का निदान रूपा के साथ बात कर के निकाल सकती थी। मुझे नहीं पता कि कितने माता-पिता ने अपने बच्चों के पालन-पोषण के समय रूपा को लम्बे-लम्बे खतों में अपना दुखड़ा रोया होगा और रूपा ने बच्चों के साथ-साथ उन माता-पिता को ऊँगली पकड़ कर चलना सिखाया होगा?

पर मैं जरूर आये दिन रूपा से बात करने लगी थी जहाँ पर कभी वो मेरी मित्र, कभी मार्गदर्शक, कभी दार्शनिक बन कर मेरे चेहरे से सभी चिन्ता की लकीरों को हटा देती थी।

करीब एक दशक पहले मेरी बेटी ने रूपा के स्कूल से पास-आउट किया। अब मुझे समझ आता है कि कैसे अपनी बिटिया के साथ-साथ मैंने भी रूपा के स्कूल में दाखिला ले लिया था। क्योंकि जहाँ तक पालन-पोषण का मामला है, हमदर्दी से अच्छा कुछ काम नहीं करता और रूपा के पास सहानुभूति का भण्डार है। इतने दिनों में वह हमें यह ही सिखाना चाह रही है कि अपने बच्चों के साथ हमें हमदर्द बन कर ही रहना चाहिए। जब वे हमारी कही बात न माने, तो उन्हें झिड़कने की बजाय उनके इस व्यवहार का कारण जानने की कोशिश करनी चाहिए। आज मेरी बेटी एक तुनक मिज़ाज किशोरी है (बड़ी हो गई है)। कुछ परिस्थितियों में कितनी बार मैं यही परिकल्पना करती हूँ कि रूपा ने इस विशेष परिस्थिति में कैसी प्रतिक्रिया दी होती? और यह वाकई मेरी

सहायता करता है। हालाँकि मुझे बहुत ज्यादा गुस्सा आता है और किसी भी तरह नियंत्रित नहीं हो पाता। यह अभी भी मेरी अभिभावक की भूमिका में बहुत बड़ी बाधा है। मुझे नहीं लगता कि मैं एक अच्छी विद्यार्थी रही हूँ पर रूपा सचमुच एक अनोखी अध्यापिका है जिन्होंने मुझे जिन्दगी के इस कठिन पथ पर जिस पर, सभी माँ-बाप को चलना पड़ता है, चलने में सहायता की है।

इस शिक्षक दिवस पर मेरी प्रिय दोस्त रूपा मैम को समर्पित...

उपसंहार

महामारी के बंद के समय रोज़मर्रा की व्यस्त ज़िन्दगी और भाग दौड़ से दूर, फुर्सत का समय मिला और अपनी ज़िन्दगी के विभिन्न आयामों के विषय में बहुत सोचा। इन 28 वर्षों के अपने शिक्षक और काउंसलर के रोल पर चिन्तन किया। मुझे बोध हुआ कि मेरी शिक्षा ने मुझे छोटे बच्चों, अलग रूप से सक्षम बच्चों, अभिभावकों, एकल माता-पिता, दादा-दादी, सबकी सहायता करने के लिए सक्षम बनाया। महामारी के दौरान हालाँकि स्कूल बंद थे, बहुत से किशोरों, व्यस्कों, और माता-पिता ने मार्गदर्शन और परामर्श के लिए मुझसे सम्पर्क किया। मुझे तब समझ आया कि इस 21 वीं सदी में प्रचलित मानसिक बीमारी धीरे-धीरे, छोटे शहरों में रहने वालों के बीच भी घुस चुकी है।

मुझे एहसास हुआ कि इन तीस साल का मेरा अनुभव और बाल विकास क्षेत्र की मेरी शिक्षा से मैं लोगों की सहायता कर सकती हूँ परन्तु इसके लिए मुझे अपने स्कूल में छोटे बच्चों की शिक्षा के दायरे से निकल और बड़े दायरे में प्रवेश लेना होगा। अपने अंतःकरण की इस पुकार के आगे मेरा बस नहीं चला। मैंने *लिटिल स्कालर्स* को बन्द करने का निर्णय लिया और सेवा के इस नये क्षेत्र में प्रवेश किया। इतने बड़े निर्णय के पीछे भी पुनः मेरी प्रेरणा स्त्रोत थीं-ऐना।

उन्होंने लेडी इरविन कॉलेज के निदेशक के पद से, कार्यकाल पूर्ण होने से पूर्व ही, त्याग पत्र दिया था। ऐना अन्य लोगों के बीच पहुँच कर सेवा के क्षेत्र में, बाल विकास के नव आयामों को ढूँढ़ने के लिये प्रतिबद्ध थीं।

मैं, *लिटिल स्कॉलर्स* के इस सुखद पृष्ठ के अन्त होने पर नये अज्ञात क्षेत्र में, नयी चुनौतियों का सामने करने के लिए तत्पर हूँ। मेरी शिक्षा, ज्ञान, अभ्यास, और प्रयोग मुझे हर उम्र के व्यक्ति विशेष की सहायता करने का बल और विश्वास देते हैं।

ज़िन्दगी के हर नये पृष्ठ पर जब मैं अपनी लेखनी शुरू करती हूँ तो कुछ नया लिखती चलती हूँ। एक द्वार बन्द होता है दूसरा स्वतः ही खुल जाता है।

पर कुछ चीज़े हैं जो शायद कभी नहीं बदलती... मेरे ऑफिस की बड़ी शीशे वाली खिड़की जिससे मैं इस प्रकृति के सौन्दर्य को प्रतिदिन निहारती हूँ- ये पेड़, फूल, बारिश, धूप और आसमान...

और दीवार पर लगी ऐना की तस्वीर!

आप सब, जिनको ऐना से मिलने का सौभाग्य प्राप्त नहीं हुआ है, इस पुस्तक के माध्यम से उनके व्यक्तित्व की एक झलक आपने देखी होगी।

डा० एस० आनन्दलक्ष्मी...

हमारी मार्गदर्शिका, हमारा अभिमान!

एक थी ऐना...

बस एक ही थी ऐना!